어느새 영어 단어가 술술 읽히는

신비한
파닉스

신비한 파닉스

지은이 미쉘(김민주)
펴낸이 정규도
펴낸곳 (주)다락원

초판 1쇄 발행 2022년 9월 25일
초판 2쇄 발행 2024년 2월 22일

기획·책임편집 허윤영
편집지원 권민정
디자인·전산편집 지완
이미지 Shutterstock

▨다락원 경기도 파주시 문발로 211
내용문의 (02) 736-2031 내선 520
구입문의 (02) 736-2031 내선 250~252
Fax (02) 732-2037

출판등록 1977년 9월 16일 제406-2008-000007호

ISBN 978-89-277-0165-1 63740

http://www.darakwon.co.kr
다락원 홈페이지를 방문하시면 상세한 출판정보와 함께 동영상 강좌, MP3 자료 등 다양한 어학 정보를 얻으실 수 있습니다.

어느새 영어 단어가 술술 읽히는

PHONICS

신비한 파닉스

· 미쉘 지음 ·

DARAKWON

저자가 전하는 말

영어 읽기의 시작은 파닉스로!

안녕하세요. '미쉘'이라는 이름으로 활동하고 있는 김민주입니다. 우리 아이들이 영어 읽기를 좀 더 편하고 쉽게 시작할 수 있도록 도움이 되고자 그동안의 노하우를 모아서 파닉스 책을 집필했습니다. 이 책으로 파닉스 기초를 다진 아이들이 나중에 영어 원서를 자신 있게 읽는 모습을 꿈꾸니, 힘들지만 즐겁게 쓸 수 있었습니다.

이 책은 아이 혼자서도 공부할 수 있을 만큼 쉽고 재미있게 구성되어 있어요. 무엇보다 아이가 부담스러워 하지 않을 정도의 하루 학습량을 제시합니다. 학습량이 과하면, 질려서 아예 영어 자체에 흥미를 잃고 영어 공부를 놔 버리게 될 수 있거든요.

지금부터는 파닉스 학습과 관련해서 부모님이 가장 많이 물으시는 질문을 몇 개 뽑아 시원한 답을 드리도록 할게요.

파닉스(phonics)는 무엇인가요?

파닉스는 알파벳이 가진 고유의 소리를 학습하여 읽고 쓰기를 가르치는 방법입니다.

알파벳 학습과 파닉스 학습은 무엇이 다른가요?

일반적으로 알파벳 학습에서는 알파벳의 이름과 형태 그리고 올바르게 쓰는 법을 중점적으로 배웁니다. 그래서 알파벳이 가진 고유의 소리에 대해서는 크게 강조하지 않죠. 반면에, 파닉스 학습에서는 알파벳의 소리를 배우고 조합하여 단어 읽는 방법을 배웁니다. 즉, 파닉스는 알파벳 학습의 다음 단계 학습 과정이라고 보시면 되겠습니다.

파닉스, 꼭 배워야 하나요?

영어를 처음 접하는 시기에 파닉스를 배우면 시작부터 정확한 영어 발음을 익힐 수 있는 장점이 있습니다. 파닉스를 배우면 처음 보는 단어도 소리와 글자를 연결하여 자신 있게 읽을 수 있게 되죠. 단어를 올바르게 읽고 쓸 수 있게 되면, 영어에 대한 아이들의 자신감과 흥미, 관심이 올라가서 읽기 학습이 수월해집니다. 그리고 읽기 실력이 향상되면 자연스럽게 리스닝과 스피킹, 라이팅 실력도 늘죠. 그러므로 읽기뿐 아니라 쓰기, 듣기, 말하기까지 전반적인 영어 실력 향상을 목표로 두고 아이들이 파닉스 기초를 잘 다질 수 있게 도와주세요.

파닉스를 전문가가 아닌 부모가 집에서 가르쳐도 괜찮을까요?

파닉스는 집에서 부모님이 충분히 지도할 수 있습니다. 소리를 많이 들려주고, 다양한 놀이를 하면서 아이의 파닉스 학습을 도와주세요. 이 책을 통해 누구나 쉽고 편하게 아이에게 파닉스를 지도할 수 있습니다. 처음 파닉스를 접하는 부모님과 아이도, 다시 한번 기초를 다지려는 아이도 체계적으로 짜인 커리큘럼에 따라 즐겁게 파닉스의 기초를 뗄 수 있을 거예요.
그런데 여전히 '내가 영어를 가르칠 수 있을까?' 겁이 나거나 더 많은 정보를 원하시는 분들은 저의 유튜브 채널(미쉘 TV)을 방문하셔도 좋아요. 파닉스뿐만 아니라 자녀교육 전반에 걸친 알짜배기 정보를 얻으실 수 있을 거예요.

파닉스를 처음에 어떻게 만나게 해 주느냐가 아이의 평생 영어공부에 큰 영향을 끼친다는 생각이 들어요. 저희 아이들을 가르친 경험과 다른 많은 선배 부모님의 경험을 토대로 아이가 지나친 학습 부담에 질리지 않고 재미있게 파닉스를 접할 수 있도록 온힘을 쏟아 이 책을 집필했습니다. 계속 페이지를 넘기고 싶을 만큼 예쁘고, 다양한 모습을 보여 주는 선물 같은 책입니다. 자신 있게 추천 드립니다!

미쉘 드림

이 책의 구성과 활용

UNIT

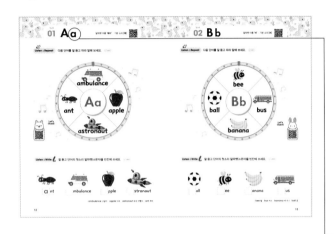

★ 알파벳 소리 / 파닉스 규칙 알기

이 책은 총 5개의 파트로 구성되어 있습니다. PART 1에서는 **알파벳 26자의 기본 소리**를 배우고, PART 2~PART 5까지는 **파닉스 규칙**을 본격적으로 배워요. PART 2에서는 **단모음**, PART 3에서는 **장모음**, PART 4에서는 **이중자음**, PART 5에서는 **이중모음**을 다룹니다. 하루에 4개 단어씩 공부하며 파닉스를 제대로 익혀 보세요.

❗ A의 소문자는 ɑ와 a 두 가지 형태로 쓰입니다.

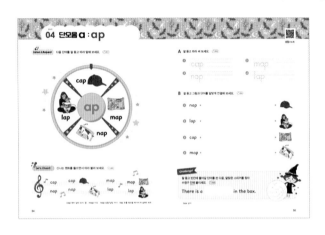

★ 챈트 따라 부르기

챈트를 따라 부르는 것은 정확한 발음을 익히는 데에 가장 효과적인 방법입니다. 신나는 챈트를 따라 부르면서 자연스럽게 소리와 단어를 익혀 보세요.

★ 다양한 활동으로 익히기

알파벳 소리와 파닉스 규칙을 익히기 위한 최적의 활동이 제시됩니다. 듣고 따라 말하기, 듣고 쓰기, 소리와 단어 연결하기 등 다양한 활동이 준비되어 있어요.
PART 2~PART 5에는 문장을 듣고 빈칸을 채우는 *Challenge* 코너가 있습니다. PART 2와 PART 3의 *Challenge*에서는 문장을 듣고 빈칸을 채운 후, 빈칸에 들어갈 단어의 그림 스티커를 수정구 안에 붙이는 활동을 해요. 알맞은 스티커를 찾아 붙이면서 재미있게 공부해 보세요! PART 4와 PART 5의 *Challenge*에서도 문장을 듣고 빈칸을 채우는 활동을 합니다. PART 2나 PART 3보다는 채워야 하는 빈칸이 많으니 집중해서 들어 보세요!

REVIEW & LEARN MORE!

★ 복습으로 다지기

중간중간 배운 내용을 복습할 수 있는 페이지가 있습니다. 다양한 활동을 통해 각 알파벳의 소리와 파닉스 규칙, 학습 단어를 복습해 보세요.

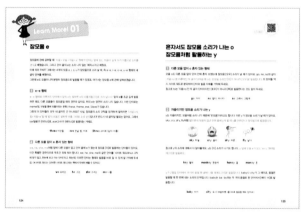

★ 기타 파닉스 규칙 배우기

장모음 e, 신경 써야 할 r 소리, 묵음 등 알아 두면 큰 도움이 되는 다른 파닉스 규칙도 꼼꼼히 정리하여 제시했습니다. 그냥 지나치지 말고 원어민의 발음을 듣고 따라하며 정확하게 소리 내는 법을 익혀 보세요.

 정답

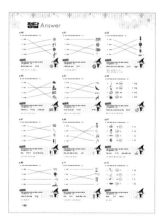

★ 답 확인하기

활동이 끝나면 나의 답과 정답을 맞춰 보세요. 틀렸다면, 본문으로 돌아가 왜 틀렸는지 다시 한번 확인하세요. 이런 확인 과정을 통해 공부한 내용을 완전히 내 것으로 만들 수 있어요.

다락원에서 준비한 자료를 다운로드받으세요! (www.darakwon.co.kr)

· 원어민 녹음 MP3　　　　· 신나는 챈트 MP3
· 플래시카드(플래시카드 활용법도 제시되어 있어요.)

목차

PART 1   알파벳 소리

PART 2   단모음

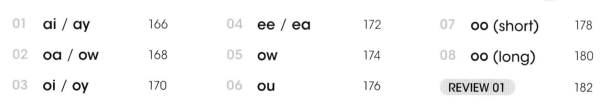

1

ABC

알파벳 소리

우리나라 말을 글자로 나타낸 문자를 **한글**이라고 하고, 영어를 글자로 나타낸 문자를 **알파벳**이라고 해요. 영어 알파벳 글자는 모두 26개입니다. 이 글자들은 '에이(a)', '비(b)', '씨(c)'처럼 이름이 있고, 각각 대문자와 소문자가 있어요.

대문자 A B C D E F G H I J K L M N O P Q R S T U V W X Y Z

소문자 a b c d e f g h i j k l m n o p q r s t u v w x y z

알파벳 글자에는 이름뿐 아니라 자기만의 소리도 있어요. a는 보통 [애]로, b는 [브], c는 [크] 같은 소리가 나요. 하지만 영어 발음을 한글로 제대로 표기하기는 어려워서, 책에는 가장 비슷한 소리로 표기했어요.
지금부터 각 알파벳이 어떤 소리를 가졌는지 알아볼까요?

Aa

알파벳 이름 '에이' | 기본 소리 [애]

 **Listen & Repeat** 다음 단어를 잘 듣고 따라 말해 보세요. 🎧001

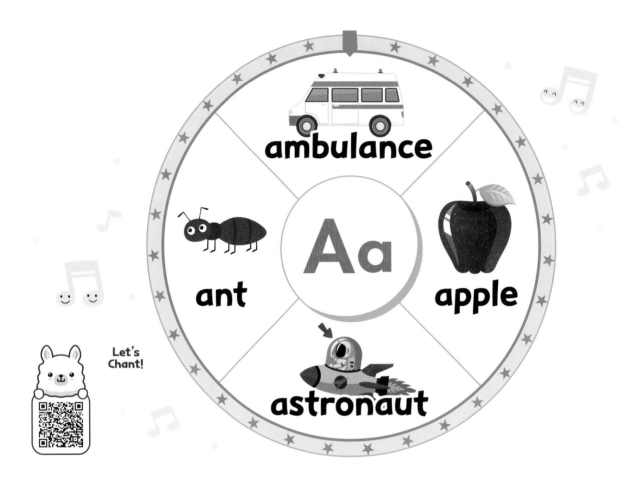

Let's
Chant!

Listen & Write 🖉 잘 듣고 단어의 첫소리 알파벳(소문자)을 빈칸에 쓰세요. 🎧002

a nt ⬜ mbulance ⬜ pple ⬜ stronaut

• ambulance 구급차   apple 사과   astronaut 우주 비행사   ant 개미

02 **B b**

알파벳 이름 '비' | 기본 소리 [브]

Listen & Repeat 다음 단어를 잘 듣고 따라 말해 보세요. 🎧001

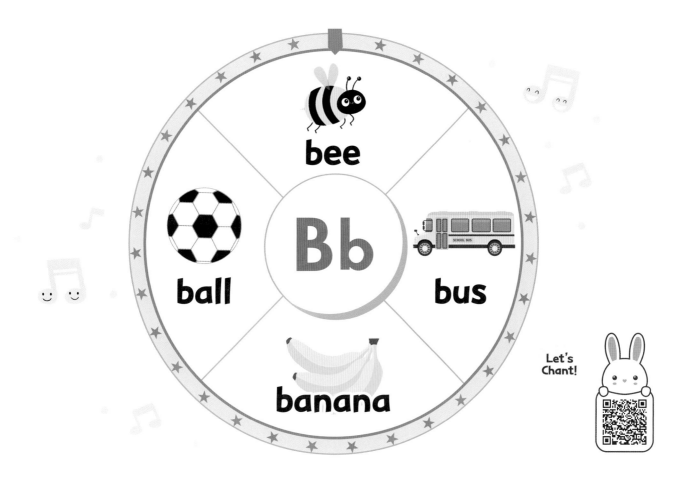

bee

Bb

ball

bus

banana

Let's Chant!

Listen & Write ✏️ 잘 듣고 단어의 첫소리 알파벳(소문자)을 빈칸에 쓰세요. 🎧002

 ☐ all

 ☐ ee

 ☐ anana

 ☐ us

• bee 벌   bus 버스   banana 바나나   ball 공

13

알파벳 이름 '**씨**' | 기본 소리 [**크**]

Listen & Repeat 다음 단어를 잘 듣고 따라 말해 보세요. 🎧001

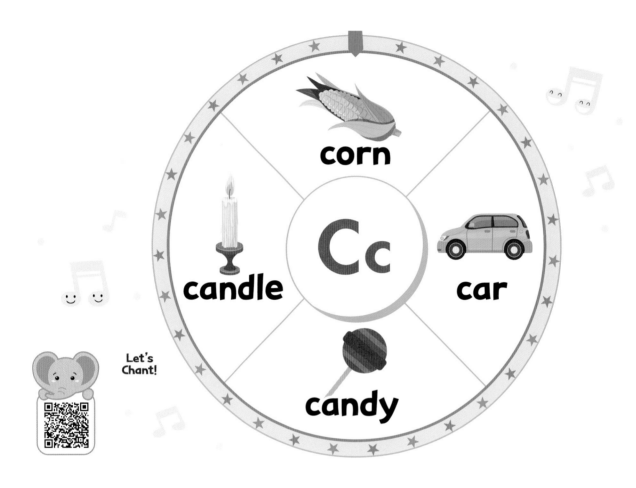

corn

Cc

candle

car

candy

Let's
Chant!

Listen & Write ✏️ 잘 듣고 단어의 첫소리 알파벳(소문자)을 빈칸에 쓰세요. 🎧002

☐ andy   ☐ orn   ☐ andle   ☐ ar

• corn 옥수수   car 차, 자동차   candy 사탕, 캔디   candle 초, 양초

14

알파벳 이름 '디' | 기본 소리 [드]

Listen & Repeat 다음 단어를 잘 듣고 따라 말해 보세요. 🎧001

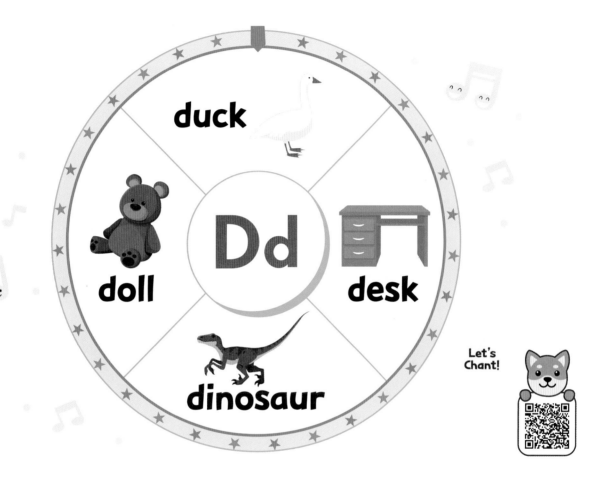

Let's
Chant!

Listen & Write 잘 듣고 단어의 첫소리 알파벳(소문자)을 빈칸에 쓰세요. 🎧002

[ ] oll   [ ] esk   [ ] uck   [ ] inosaur

• duck 오리   desk 책상   dinosaur 공룡   doll 인형

05 Ee

알파벳 이름 '이' | 기본 소리 [에]

 **Listen & Repeat** 다음 단어를 잘 듣고 따라 말해 보세요. 🎧 001

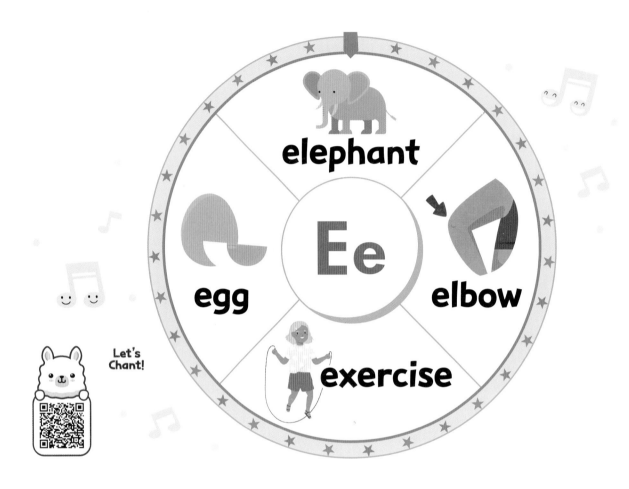

Let's Chant!

 **Listen & Write** ✏ 잘 듣고 단어의 첫소리 알파벳(소문자)을 빈칸에 쓰세요. 🎧 002

 ☐ gg    ☐ lephant    ☐ lbow    ☐ xercise

• elephant 코끼리   elbow 팔꿈치   exercise 운동하다/운동   egg 달걀

16

F f

알파벳 이름 '에프' | 기본 소리 [프]

Listen & Repeat 다음 단어를 잘 듣고 따라 말해 보세요. 🎧001

Let's
Chant!

Listen & Write ✎ 잘 듣고 단어의 첫소리 알파벳(소문자)을 빈칸에 쓰세요. 🎧002

☐ our

☐ amily

☐ ork

☐ ire

• four 넷, 4   fork 포크   family 가족, 식구   fire 불

17

A 잘 듣고 단어의 첫소리 알파벳에 동그라미를 치세요. (🎧001)

1

a	b
c	d

2

d	f
c	b

3

e	b
f	d

4

c	f
d	a

B 잘 듣고 알파벳을 알맞은 그림에 연결한 후 단어의 첫소리 알파벳을 쓰세요. (🎧002)

1 **e** •

•  [ ] all

2 **b** •

• [ ] ar

3 **f** •

• [ ] gg

4 **c** •

• [ ] our

C 잘 듣고 주어진 알파벳과 첫소리가 같은 단어의 그림을 <u>모두</u> 찾아 동그라미를 치세요. 🎧 003

G g

알파벳 이름 '쥐' | 기본 소리 [그]

 **Listen & Repeat** 다음 단어를 잘 듣고 따라 말해 보세요. 🎧 001

girl

Gg

goat

gorilla

guitar

Let's
Chant!

Listen & Write 잘 듣고 단어의 첫소리 알파벳(소문자)을 빈칸에 쓰세요. 🎧 002

 ☐ orilla

 ☐ oat

 ☐ irl

 ☐ uitar

• girl 소녀 gorilla 고릴라 guitar 기타 goat 염소

20

Unit 08 Hh

알파벳 이름 '에이치' | 기본 소리 [흐]

 **Listen & Repeat** 다음 단어를 잘 듣고 따라 말해 보세요. 🎧001

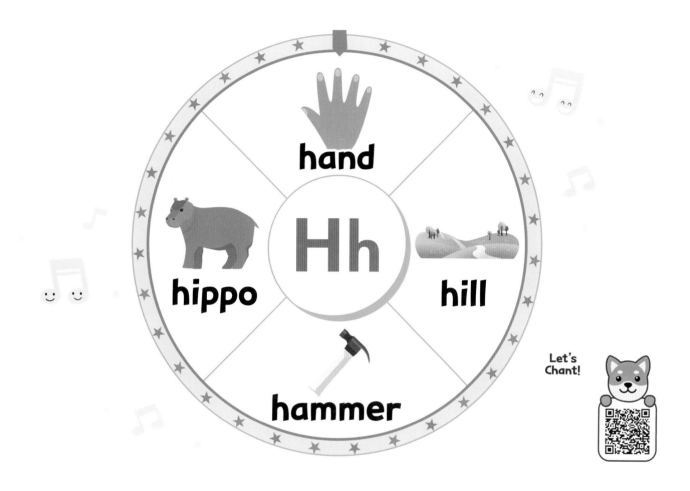

Let's Chant!

Listen & Write 잘 듣고 단어의 첫소리 알파벳(소문자)을 빈칸에 쓰세요. 🎧002

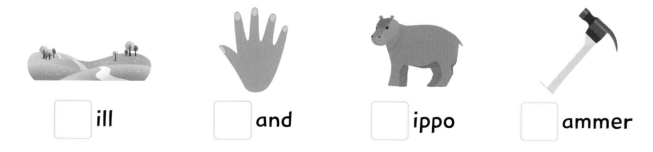

☐ ill   ☐ and   ☐ ippo   ☐ ammer

・hand 손   hill 언덕   hammer 망치   hippo 하마

21

I i

알파벳 이름 '**아이**' | 기본 소리 [**이**]

Listen & Repeat 다음 단어를 잘 듣고 따라 말해 보세요. 🎧 001

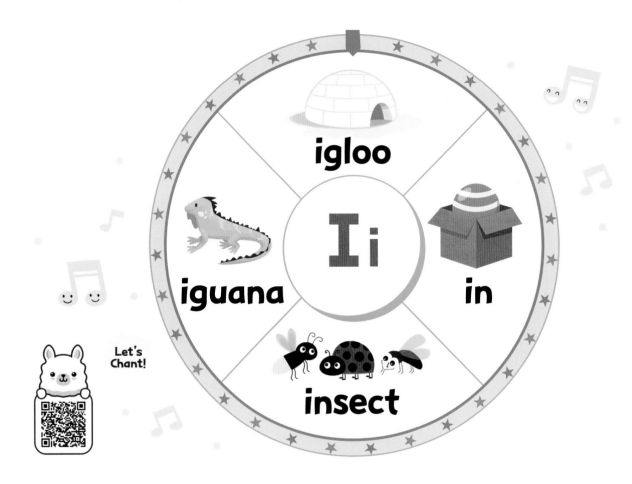

igloo

iguana

I i

in

insect

Let's Chant!

Listen & Write ✏️ 잘 듣고 단어의 첫소리 알파벳(소문자)을 빈칸에 쓰세요. 🎧 002

☐ n   ☐ nsect   ☐ gloo   ☐ guana

• **igloo** 이글루   **in** ~ 안에, ~ 안으로   **insect** 곤충   **iguana** 이구아나

알파벳 이름 '제이' | 기본 소리 [줘]

Listen & Repeat 다음 단어를 잘 듣고 따라 말해 보세요. 🎧001

jelly

J j

jump

juice

jacket

Let's Chant!

Listen & Write 잘 듣고 단어의 첫소리 알파벳(소문자)을 빈칸에 쓰세요. 🎧002

☐ acket   ☐ ump   ☐ uice   ☐ elly

• jelly 젤리   juice 주스   jacket 재킷   jump 점프하다, (위로) 뛰다

K k

알파벳 이름 '케이' | 기본 소리 [크]

Listen & Repeat 다음 단어를 잘 듣고 따라 말해 보세요. 🎧 001

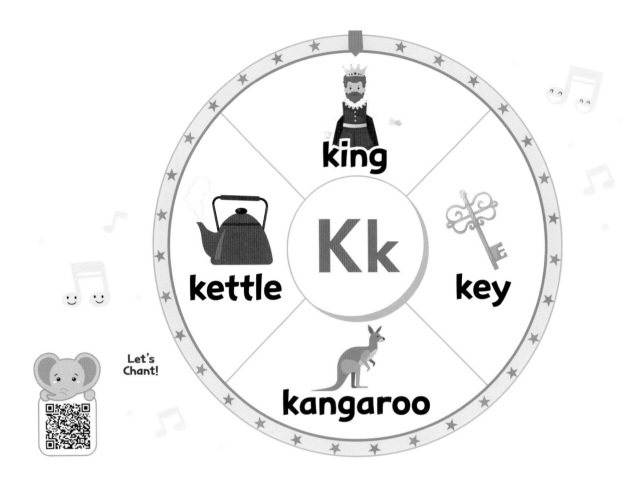

king

Kk

kettle

key

kangaroo

Let's
Chant!

Listen & Write 잘 듣고 단어의 첫소리 알파벳(소문자)을 빈칸에 쓰세요. 🎧 002

☐ ing

☐ ey

☐ ettle

☐ angaroo

• king 왕   key 열쇠   kangaroo 캥거루   kettle 주전자

알파벳 이름 **'엘'** | 기본 소리 **[(을)르]**

 **Listen & Repeat** 다음 단어를 잘 듣고 따라 말해 보세요. 🎧001

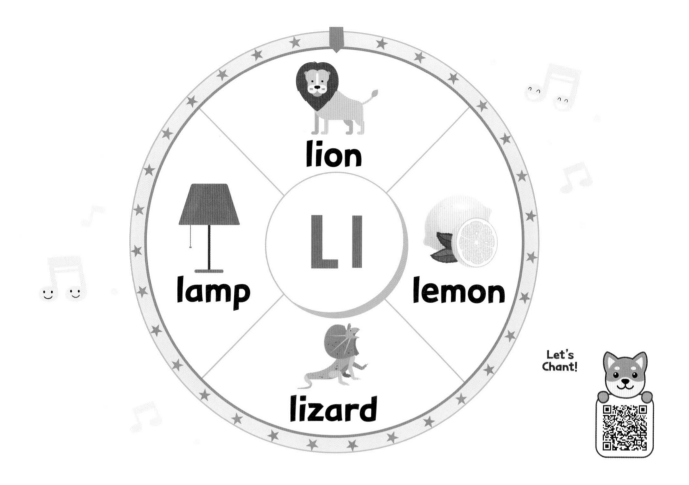

lion

Ll

lamp

lemon

lizard

Let's Chant!

Listen & Write 🖊 잘 듣고 단어의 첫소리 알파벳(소문자)을 빈칸에 쓰세요. 🎧002

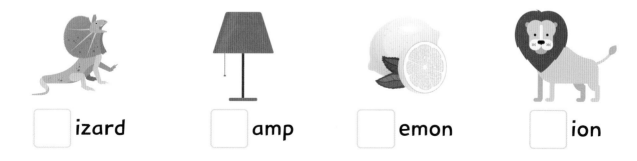

[ ] izard　　[ ] amp　　[ ] emon　　[ ] ion

> • lion 사자　lemon 레몬　lizard 도마뱀　lamp 전등

REVIEW 02

A 잘 듣고 단어의 첫소리 알파벳에 동그라미를 치세요. 🎧001

1
g	i
h	k

2
j	k
l	i

3
l	j
g	h

4
g	i
h	j

B 잘 듣고 알파벳을 알맞은 그림에 연결한 후 단어의 첫소리 알파벳을 쓰세요. 🎧002

1 **h** •
 • ☐ gloo

2 **k** •
 • ☐ ammer

3 **g** •
 • ☐ uitar

4 **i** •
 • ☐ angaroo

C 잘 듣고 주어진 알파벳과 첫소리가 같은 단어의 그림을 모두 찾아 동그라미를 치세요. 🎧003

13 Mm

알파벳 이름 '엠' | 기본 소리 [ㅁ]

 **Listen & Repeat** 다음 단어를 잘 듣고 따라 말해 보세요. 001

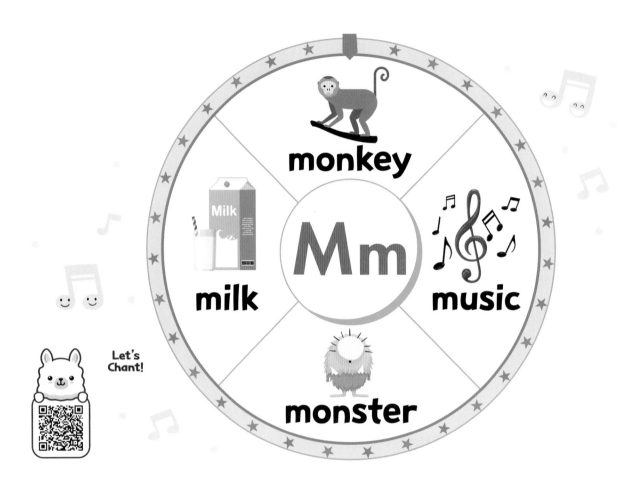

monkey

Mm

milk

music

monster

Let's Chant!

Listen & Write 잘 듣고 단어의 첫소리 알파벳(소문자)을 빈칸에 쓰세요. 002

 ☐ onkey

 ☐ onster

 ☐ usic

 ☐ ilk

• monkey 원숭이 music 음악 monster 괴물 milk 우유

N n

알파벳 이름 '엔' | 기본 소리 [느]

Listen & Repeat   다음 단어를 잘 듣고 따라 말해 보세요. 🎧 001

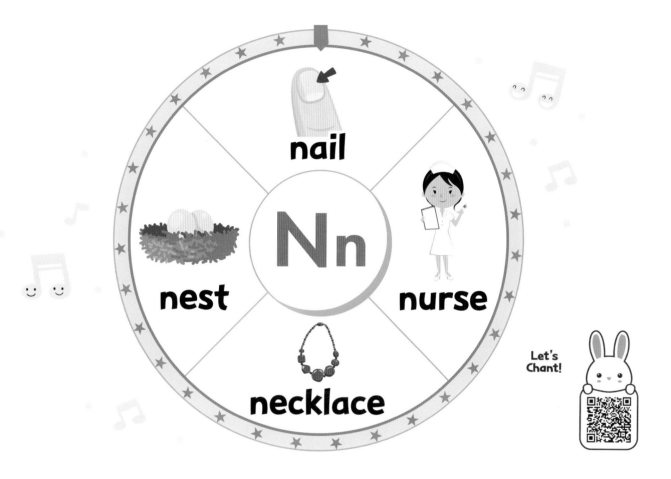

nail

Nn

nurse

nest

necklace

Let's Chant!

Listen & Write 🖉 잘 듣고 단어의 첫소리 알파벳(소문자)을 빈칸에 쓰세요. 🎧 002

☐ urse   ☐ ail   ☐ ecklace   ☐ est

• nail 손톱   nurse 간호사   necklace 목걸이   nest 둥지

Unit 15 Oo

알파벳 이름 '오우' | 기본 소리 [아]

Listen & Repeat 다음 단어를 잘 듣고 따라 말해 보세요. 🎧001

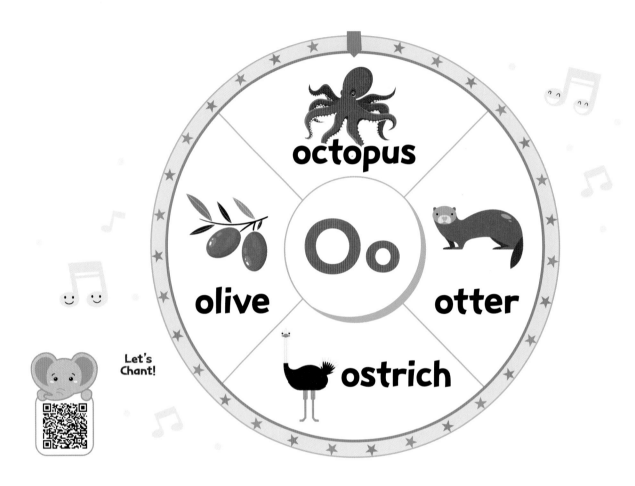

octopus

olive Oo otter

Let's Chant!

ostrich

Listen & Write 잘 듣고 단어의 첫소리 알파벳(소문자)을 빈칸에 쓰세요. 🎧002

☐ tter   ☐ live   ☐ ctopus   ☐ strich

• octopus 문어   otter 수달   ostrich 타조   olive 올리브

30

Unit 16 Pp

알파벳 이름 '피' | 기본 소리 [프]

Listen & Repeat 다음 단어를 잘 듣고 따라 말해 보세요. ∩001

Let's Chant!

Listen & Write 잘 듣고 단어의 첫소리 알파벳(소문자)을 빈칸에 쓰세요. ∩002

☐ ants   ☐ enguin   ☐ izza   ☐ anda

• pants 바지   pizza 피자   penguin 펭귄   panda 판다

Qq

알파벳 이름 '큐' | 기본 소리 [크]

 **Listen & Repeat** 다음 단어를 잘 듣고 따라 말해 보세요. 🎧001

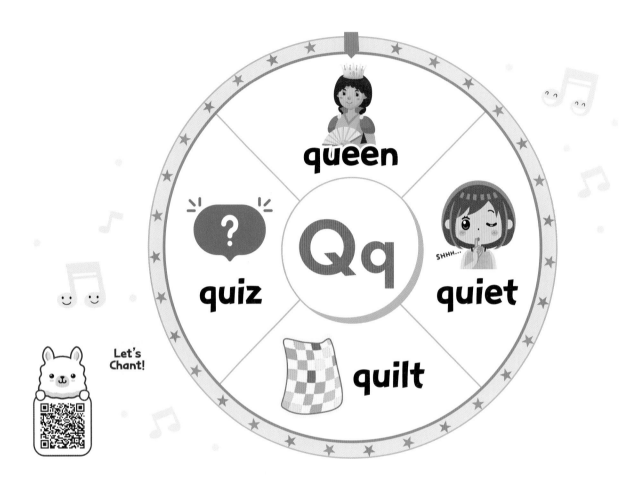

queen

Qq

quiet

quilt

quiz

Let's Chant!

 **Listen & Write** ✏️ 잘 듣고 단어의 첫소리 알파벳(소문자)을 빈칸에 쓰세요. 🎧002

☐ uiz

☐ uiet

☐ ueen

☐ uilt

• queen 여왕   quiet 조용한   quilt 퀼트, 누비이불   quiz 퀴즈

Rr

알파벳 이름 '알' | 기본 소리 [뤄]

Listen & Repeat 다음 단어를 잘 듣고 따라 말해 보세요. 🔊 001

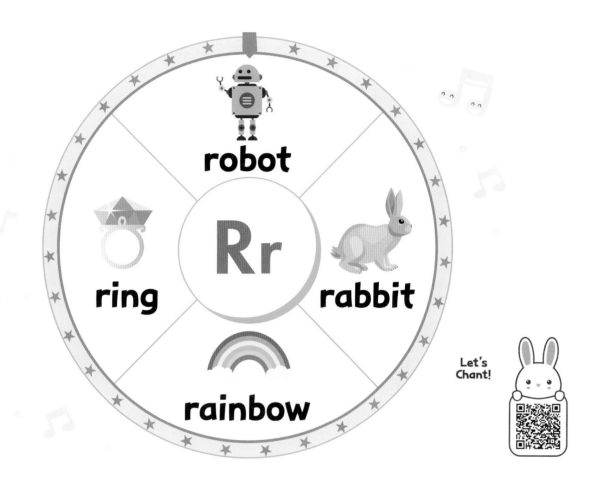

robot

ring

Rr

rabbit

rainbow

Let's
Chant!

Listen & Write ✏️ 잘 듣고 단어의 첫소리 알파벳(소문자)을 빈칸에 쓰세요. 🔊 002

☐ ing   ☐ obot   ☐ ainbow   ☐ abbit

• robot 로봇 rabbit 토끼 rainbow 무지개 ring 반지

33

REVIEW 03

A 잘 듣고 단어의 첫소리 알파벳에 동그라미를 치세요. 🎧001

1

q	m
p	n

2

o	r
n	p

3

m	p
q	o

4

n	m
o	r

B 잘 듣고 알파벳을 알맞은 그림에 연결한 후 단어의 첫소리 알파벳을 쓰세요. 🎧002

1 **p** •

2 **n** •

3 **r** •

4 **m** •

 [ ] urse

 [ ] ilk

[ ] izza

 [ ] abbit

정답 191쪽

C 잘 듣고 주어진 알파벳과 첫소리가 같은 단어의 그림을 <u>모두</u> 찾아 동그라미를 치세요. 🎧003

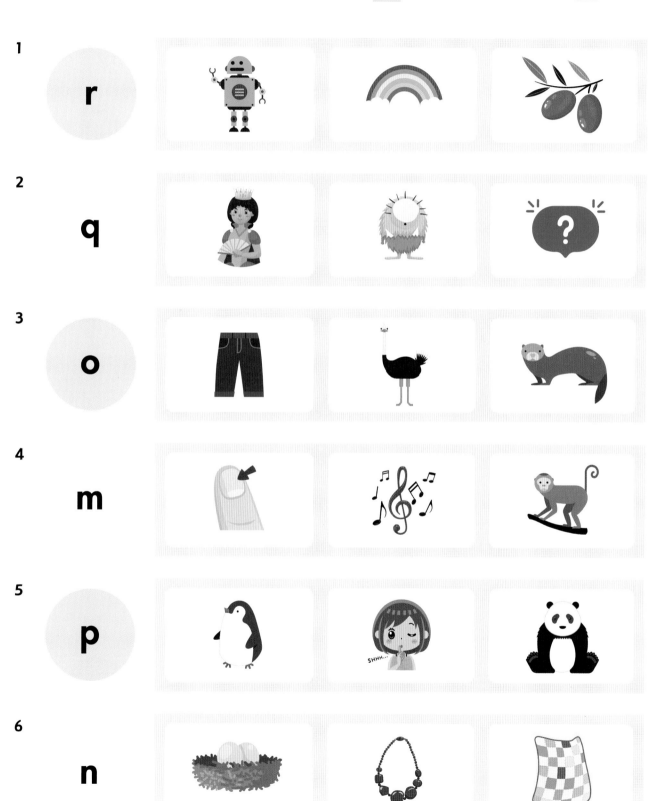

알파벳 이름 '에스' | 기본 소리 [쓰] [스]

 다음 단어를 잘 듣고 따라 말해 보세요. 🎧 001

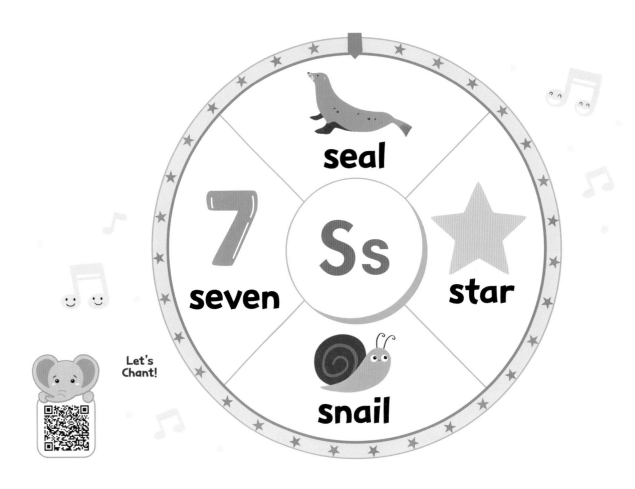

seal

seven

Ss

star

snail

Let's
Chant!

Listen & Write 🖉 잘 듣고 단어의 첫소리 알파벳(소문자)을 빈칸에 쓰세요. 🎧 002

☐ tar   ☐ even   ☐ eal   ☐ nail

• seal 바다표범, 물개   star 별, 별 모양   snail 달팽이   seven 일곱, 7

알파벳 이름 '티' | 기본 소리 [트]

Listen & Repeat 다음 단어를 잘 듣고 따라 말해 보세요. 🎧 001

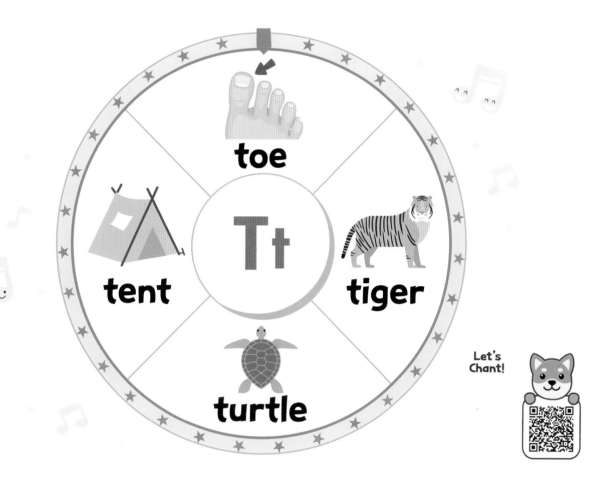

toe

Tt

tent

tiger

turtle

Let's
Chant!

Listen & Write 잘 듣고 단어의 첫소리 알파벳(소문자)을 빈칸에 쓰세요. 🎧 002

☐ iger   ☐ urtle   ☐ ent   ☐ oe

• toe 발가락   tiger 호랑이   turtle 거북   tent 텐트, 천막

37

21 U u

알파벳 이름 '유' | 기본 소리 [어]

 다음 단어를 잘 듣고 따라 말해 보세요. 🎧001

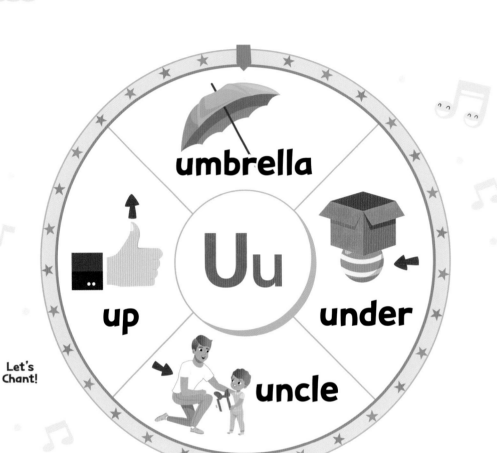

Let's Chant!

 잘 듣고 단어의 첫소리 알파벳(소문자)을 빈칸에 쓰세요. 🎧002

    nder   ncle   mbrella   p

• umbrella 우산   under ~ 아래에   uncle (외)삼촌, 고모부, 이모부   up 위로, 위에

38

22 V v

알파벳 이름 '뷔' | 기본 소리 [브]

Listen & Repeat 다음 단어를 잘 듣고 따라 말해 보세요. 🎧 001

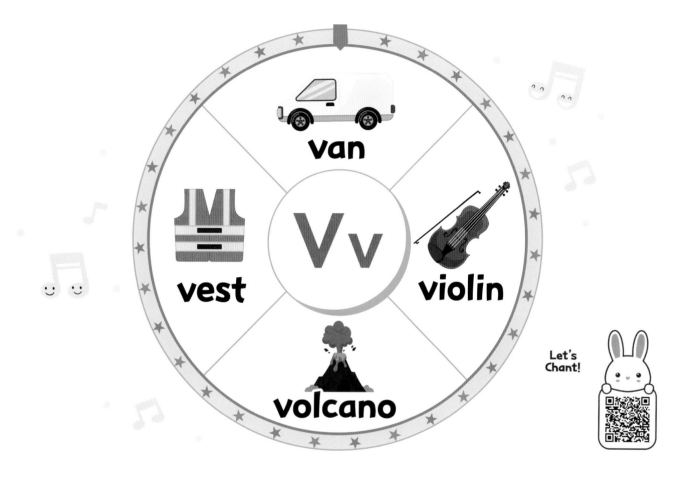

van

vest

V v

violin

volcano

Let's Chant!

Listen & Write 잘 듣고 단어의 첫소리 알파벳(소문자)을 빈칸에 쓰세요. 🎧 002

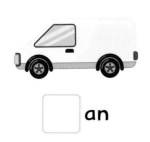

☐ an

☐ olcano

☐ iolin

☐ est

• van 밴, 승합차   violin 바이올린   volcano 화산   vest 조끼

39

W w

알파벳 이름 '**더블유**' | 기본 소리 [워]

 **Listen & Repeat** 다음 단어를 잘 듣고 따라 말해 보세요. 🎧001

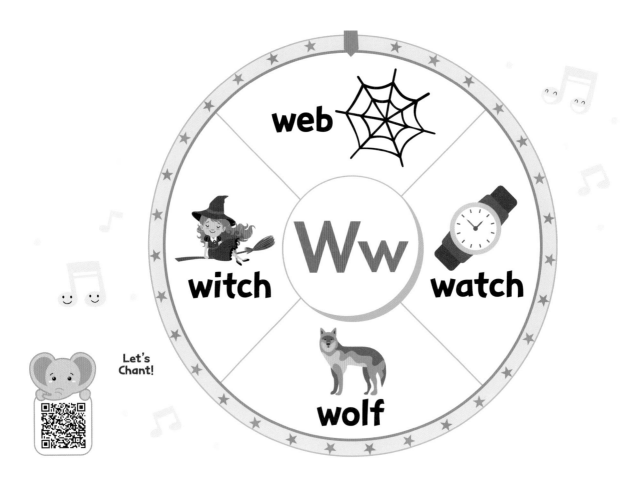

web

witch · Ww · watch

wolf

Let's Chant!

Listen & Write ✏️ 잘 듣고 단어의 첫소리 알파벳(소문자)을 빈칸에 쓰세요. 🎧002

☐ itch   ☐ atch   ☐ olf   ☐ eb

• web 거미줄   watch 손목시계   wolf 늑대   witch 마녀

24 X x

알파벳 이름 '엑스' | 기본 소리 [크스]

Listen & Repeat 다음 단어를 잘 듣고 따라 말해 보세요. 🎧001

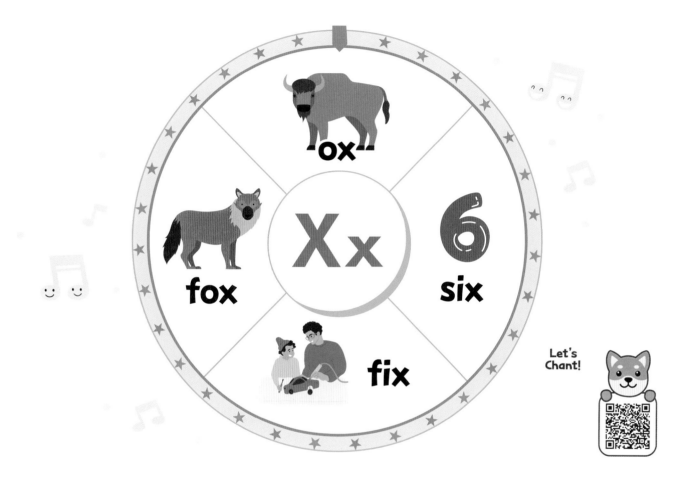

Let's Chant!

Listen & Write 잘 듣고 단어의 끝소리 알파벳(소문자)을 빈칸에 쓰세요. 🎧002

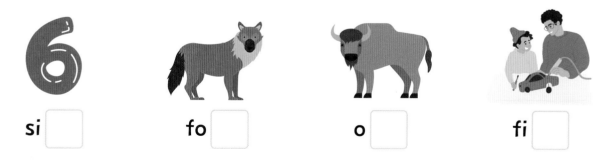

si□   fo□   o□   fi□

• ox 황소   six 여섯, 6   fix 고치다   fox 여우

41

알파벳 이름 '와이' | 기본 소리 [이]

 **Listen & Repeat** 다음 단어를 잘 듣고 따라 말해 보세요. 🎧001

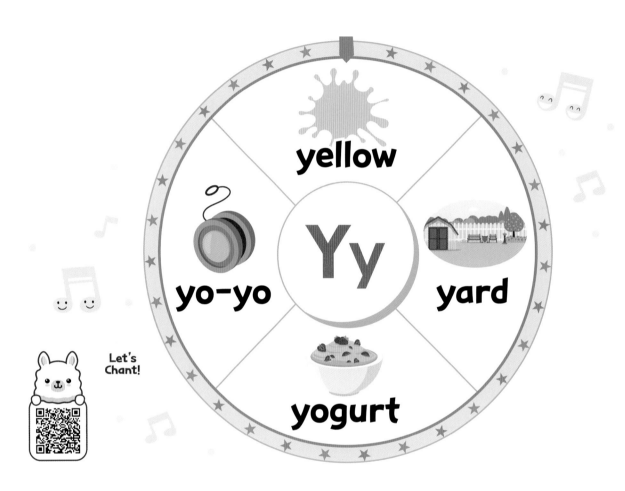

yellow

yo-yo   Yy   yard

yogurt

Let's
Chant!

Listen & Write ✏️ 잘 듣고 단어의 첫소리 알파벳(소문자)을 빈칸에 쓰세요. 🎧002

☐ o-yo   ☐ ard   ☐ ellow   ☐ ogurt

・yellow 노란색/노란   yard 뜰, 마당   yogurt 요구르트   yo-yo 요요

Unit
26 Z z

알파벳 이름 '지' | 기본 소리 [즈]

Listen & Repeat 다음 단어를 잘 듣고 따라 말해 보세요. 🎧 001

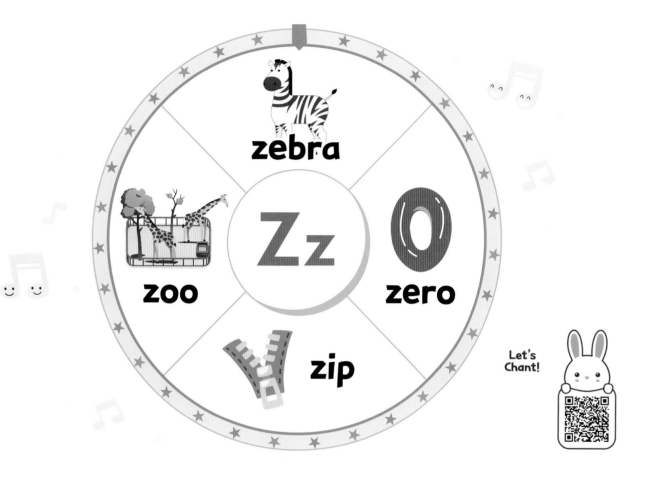

zebra

Zz

zoo

zero

zip

Let's Chant!

Listen & Write 잘 듣고 단어의 첫소리 알파벳(소문자)을 빈칸에 쓰세요. 🎧 002

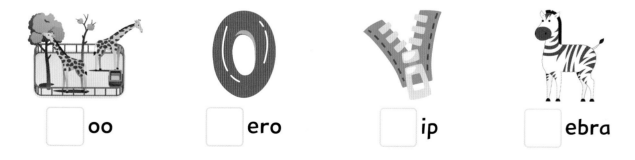

☐ oo   ☐ ero   ☐ ip   ☐ ebra

• zebra 얼룩말   zero 영, 0   zip 지퍼/지퍼를 잠그다   zoo 동물원

REVIEW 04

A 잘 듣고 단어의 첫소리 알파벳에 동그라미를 치세요. 🎧001

1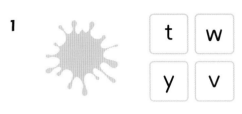

t	w
y	v

2

s	z
x	u

3

x	w
y	t

4

v	z
u	s

B 잘 듣고 알파벳을 알맞은 그림에 연결한 후 단어의 첫소리 알파벳을 쓰세요. 🎧002

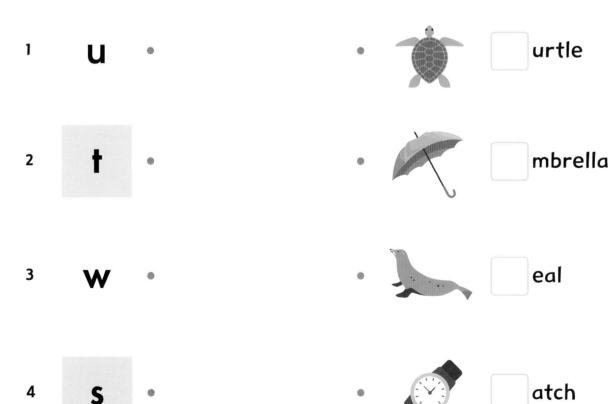

1 **u** •

• ☐ urtle

2 **t** •

• ☐ mbrella

3 **w** •

• ☐ eal

4 **s** •

• ☐ atch

C 잘 듣고 주어진 알파벳과 첫소리가 같은 단어의 그림을 모두 찾아 동그라미를 치세요. 🎧003

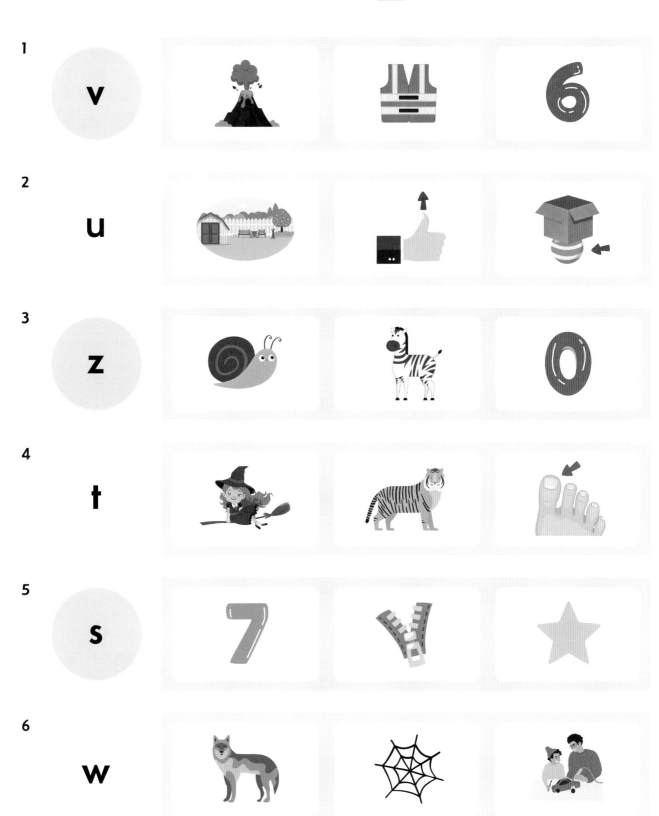

단모음

알파벳은 총 26개가 있어요. 그중 **모음**은 a, e, i, o, u 5개입니다. 나머지 21개를 **자음**이라고 해요.

영어에는 모음 앞뒤로 자음이 하나씩 붙는 '자음+모음+자음' 형태의 세 글자 단어가 많아요. 즉, 세 글자 단어일 때 단어의 가운데 글자는 대부분 모음이라고 알고 있으면 좋아요.

이런 세 글자 단어 안에 있는 모음은 짧게 소리 나죠. 이렇게 짧게 소리 나는 모음을 **단모음**이라고 합니다. 단모음일 때 **a**는 [애], **e**는 [에], **i**는 [이], **o**는 [아], **u**는 [어]처럼 소리 나요.

그럼 본격적으로 단모음의 세계로 떠나 봅시다!

cap　　bed　　pig　　hot　　run

 **Listen & Repeat** 다음 단어를 잘 듣고 따라 말해 보세요. 001

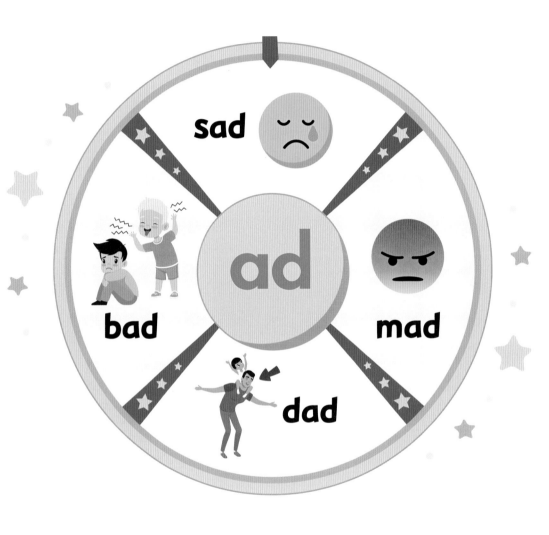

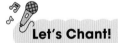 **Let's Chant!** 신나는 챈트를 들으면서 따라 불러 보세요. 002

• sad 슬픈 mad 화가 난 dad 아빠 bad 나쁜

정답 186쪽

A 잘 듣고 따라 써 보세요. ⌒003

① sad

② mad

③ dad

④ bad

B 잘 듣고 그림과 단어를 알맞게 연결해 보세요. ⌒004

① dad •

② sad •

③ bad •

④ mad •

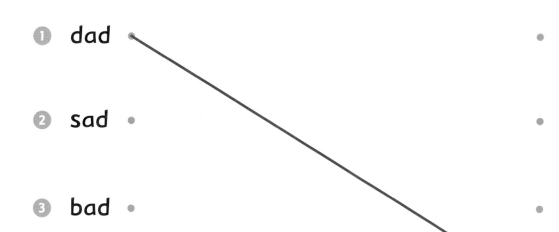

Challenge!

잘 듣고 빈칸에 들어갈 단어를 쓴 다음, 알맞은 스티커를 찾아
수정구 안에 붙이세요. ⌒005

Dad is mad. I am   .

• I 나는

49

02 단모음 a : am

Listen & Repeat 다음 단어를 잘 듣고 따라 말해 보세요. 🎧001

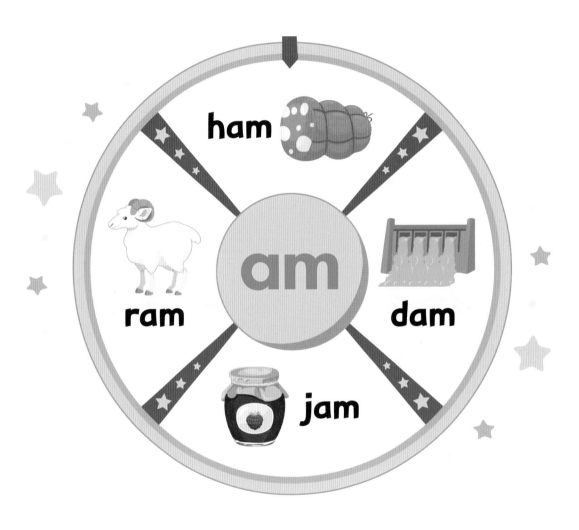

ham
am
dam
ram
jam

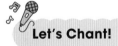

Let's Chant! 신나는 챈트를 들으면서 따라 불러 보세요. 🎧002

ham   ham
jam   jam

dam   dam
ram   ram

• ham 햄 dam 댐 jam 잼 ram 숫양

정답 186쪽

A 잘 듣고 따라 써 보세요. 🎧003

① ham

② dam

③ jam

④ ram

B 잘 듣고 그림과 단어를 알맞게 연결해 보세요. 🎧004

① dam •

② ham •

③ ram •

④ jam •

Challenge!

잘 듣고 빈칸에 들어갈 단어를 쓴 다음, 알맞은 스티커를 찾아 수정구 안에 붙이세요. 🎧005

I like ham and _____.

• like 좋아하다   and ~와

 **Listen & Repeat**   다음 단어를 잘 듣고 따라 말해 보세요.   🎧001

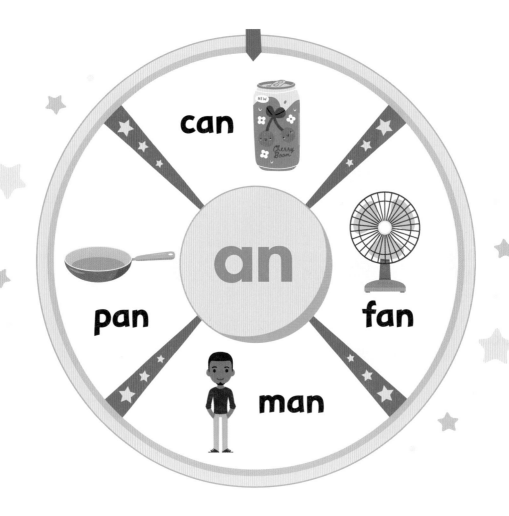

can

an

fan

man

pan

 **Let's Chant!**   신나는 챈트를 들으면서 따라 불러 보세요.   🎧002

can   can   fan   fan

man   man      pan   pan

• can 캔, 통조림   fan 선풍기   man 남자   pan 프라이팬

정답 186쪽

A 잘 듣고 따라 써 보세요. (🎧003)

① can

② fan

③ man

④ pan

B 잘 듣고 그림과 단어를 알맞게 연결해 보세요. (🎧004)

① can •

② pan •

③ man •

④ fan •

Challenge!

잘 듣고 빈칸에 들어갈 단어를 쓴 다음, 알맞은 스티커를 찾아 수정구 <u>안에</u> 붙이세요. (🎧005)

Mom has a fan. Dad has a _____ .

• mom 엄마   has 가지고 있다 (현재형 have)

04 단모음 a : ap

Listen & Repeat 다음 단어를 잘 듣고 따라 말해 보세요. 🎧001

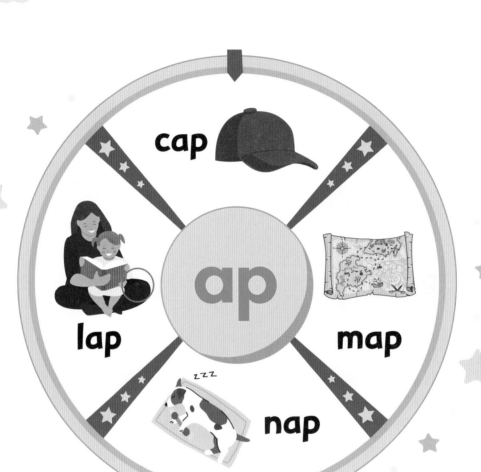

cap

ap

lap

map

nap

Let's Chant! 신나는 챈트를 들으면서 따라 불러 보세요. 🎧002

cap cap map map
nap nap lap lap

* cap (챙이 달린 모자, 캡) map 지도 nap 낮잠/낮잠 자다 lap 무릎 (앉았을 때 다리 위 넓적한 부분)

54

정답 186쪽

A 잘 듣고 따라 써 보세요. 🎧003

① cap

② map

③ nap

④ lap

B 잘 듣고 그림과 단어를 알맞게 연결해 보세요. 🎧004

① nap •

② lap •

③ cap •

④ map •

Challenge!

잘 듣고 빈칸에 들어갈 단어를 쓴 다음, 알맞은 스티커를 찾아
수정구 <u>안에</u> 붙이세요. 🎧005

There is a _____ in the box.

• box 상자

05 단모음 a : at

 다음 단어를 잘 듣고 따라 말해 보세요. 🎧001

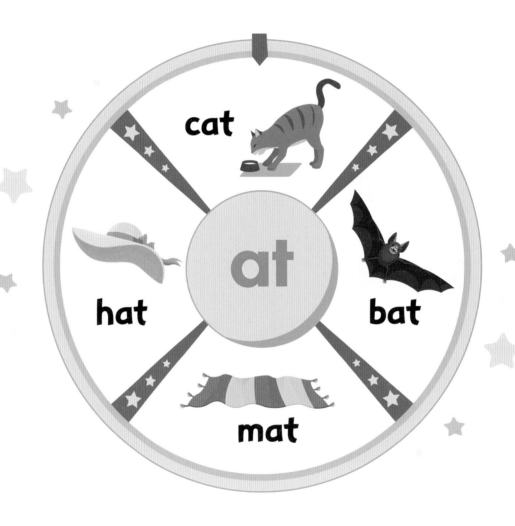

 신나는 챈트를 들으면서 따라 불러 보세요. 🎧002

cat   cat   bat   bat

mat   mat   hat   hat

• cat 고양이   bat 박쥐   mat 매트, 깔개   hat 모자

56

정답 186쪽

A 잘 듣고 따라 써 보세요. 🎧003

① cat

② bat

③ mat

④ hat

B 잘 듣고 그림과 단어를 알맞게 연결해 보세요. 🎧004

① bat •

② mat •

③ hat •

④ cat •

Challenge!

잘 듣고 빈칸에 들어갈 단어를 쓴 다음, 알맞은 스티커를 찾아
수정구 안에 붙이세요. 🎧005

A cat is on the   .

• on ~(위)에

Unit
06 단모음 e : ed / eg

Listen & Repeat 다음 단어를 잘 듣고 따라 말해 보세요. 🎧 001

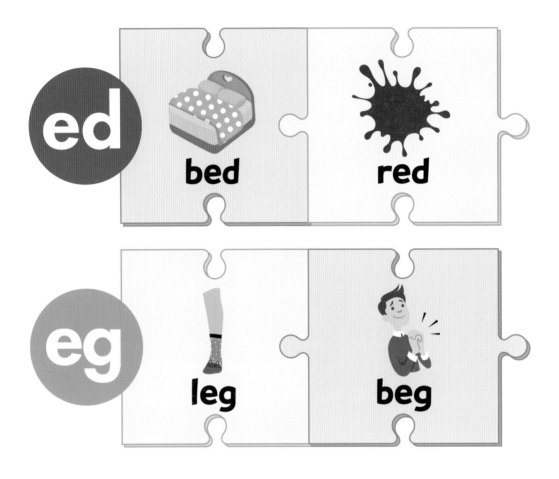

ed

bed

red

eg

leg

beg

Let's Chant! 신나는 챈트를 들으면서 따라 불러 보세요. 🎧 002

bed bed red red

leg leg beg beg

· bed 침대 red 빨간색/빨간, 붉은 leg 다리 beg 애원하다, 간청하다

58

정답 186쪽

A 잘 듣고 따라 써 보세요. 🎧003

① bed

② red

③ leg

④ beg

B 잘 듣고 알맞은 것을 고른 후 단어를 완성해 보세요. 🎧004

① 　-ed / (-eg)　·····⟩　l **eg**

②　-ed / -eg　·····⟩　b ⬚

③　-ed / -eg　·····⟩　b ⬚

④　-ed / -eg　·····⟩　r ⬚

Challenge!

잘 듣고 빈칸에 들어갈 단어를 쓴 다음, 알맞은 스티커를 찾아
수정구 <u>안에</u> 붙이세요. 🎧005

There is a red hat on the _____ .

Listen & Repeat 다음 단어를 잘 듣고 따라 말해 보세요. 🎧001

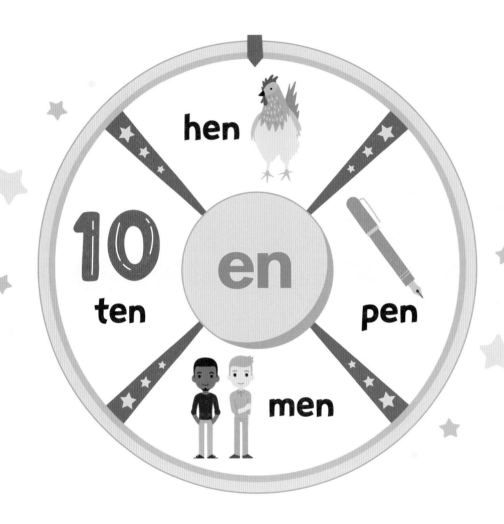

Let's Chant! 신나는 챈트를 들으면서 따라 불러 보세요. 🎧002

• hen 암탉   pen 펜   men (여러 명의) 남자   ten 열, 10

정답 186쪽

A 잘 듣고 따라 써 보세요. (003)

① hen

② pen

③ men

④ ten

B 잘 듣고 그림과 단어를 알맞게 연결해 보세요. (004)

① pen •

10

② ten •

③ men •

④ hen •

Challenge!

잘 듣고 빈칸에 들어갈 단어를 쓴 다음, 알맞은 스티커를 찾아 수정구 안에 붙이세요. (005)

Two _____ are in the tent.

• two 둘, 2

Unit
08 단모음 e : et

Listen & Repeat 다음 단어를 잘 듣고 따라 말해 보세요. 🎧001

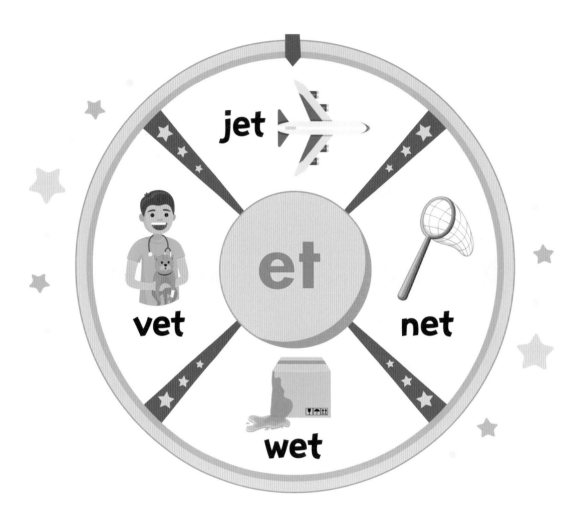

🎤 **Let's Chant!** 신나는 챈트를 들으면서 따라 불러 보세요. 🎧002

• jet 제트기 net 그물(망) wet 젖은 vet 수의사

정답 186쪽

A 잘 듣고 따라 써 보세요. (🎧 003)

① jet

② net

③ wet

④ vet

B 잘 듣고 그림과 단어를 알맞게 연결해 보세요. (🎧 004)

① wet •

② jet •

③ net •

④ vet •

Challenge!

잘 듣고 빈칸에 들어갈 단어를 쓴 다음, 알맞은 스티커를 찾아
수정구 <u>안에</u> 붙이세요. (🎧 005)

The vet rides on the   .

• rides 타다 (현재형 ride)   on ~을 타고, ~로

63

REVIEW 01

A 그림에 알맞은 단어를 상자에서 찾아 밑줄에 쓰세요.

ham   cat   red   jet   dad   fan

1

2

3

4

5

6

B 잘 듣고 그림에 알맞은 단어를 찾아 동그라미 친 후 밑줄에 쓰세요. (001)

1   k   p   p   a   n

2   d   a   m   i   r

3   y   q   b   a   t

4   v   l   e   g   o

C 잘 듣고 주어진 알파벳 조합이 들어가지 <u>않은</u> 단어의 그림을 찾아 동그라미를 치세요. 🎧002

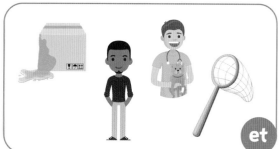

D 잘 듣고 밑줄을 채워 문장을 완성하세요. 🎧003

1   There is a _____ in the box.

2   I like ham and _____ .

3   Two _____ are in the tent.

4   There is a red hat on the _____ .

09 단모음 i : id / ix

 다음 단어를 잘 듣고 따라 말해 보세요. 🎧001

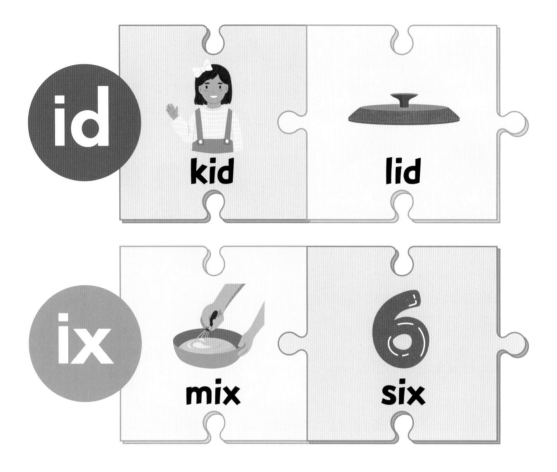

Let's Chant! 신나는 챈트를 들으면서 따라 불러 보세요. 🎧002

• kid 아이 lid 뚜껑 mix 섞다 six 여섯, 6

A 잘 듣고 따라 써 보세요. 🎧003

① kid

② lid

③ mix

④ six

B 잘 듣고 알맞은 것을 고른 후 단어를 완성해 보세요. 🎧004

① 　-id / -ix　·····> 　m ☐

②　-id / -ix　·····> 　k ☐

③　-id / -ix　·····> 　l ☐

④ **6**　-id / -ix　·····> 　s ☐

Challenge!

잘 듣고 빈칸에 들어갈 단어를 쓴 다음, 알맞은 스티커를 찾아
수정구 <u>안에</u> 붙이세요. 🎧005

You can　　　　　**pink with red.**

· you 너는　can ~할 수 있다　pink 분홍색　with ~와 (함께)

Listen & Repeat 다음 단어를 잘 듣고 따라 말해 보세요. 🎧001

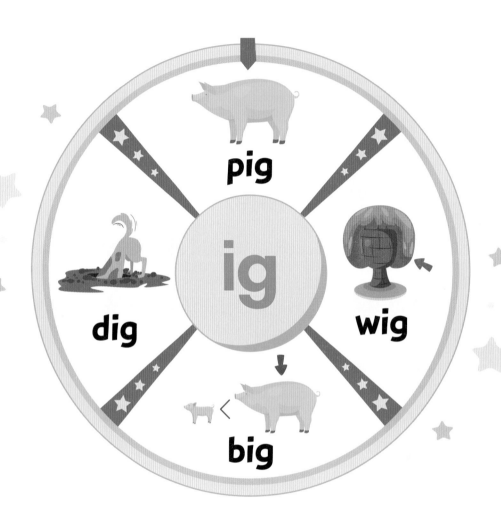

Let's Chant! 신나는 챈트를 들으면서 따라 불러 보세요. 🎧002

 pig pig 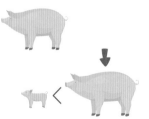 wig wig
big big dig dig

• pig 돼지   wig 가발   big 큰   dig (땅을) 파다

68

A 잘 듣고 따라 써 보세요. 🎧003

① pig

② wig

③ big

④ dig

B 잘 듣고 그림과 단어를 알맞게 연결해 보세요. 🎧004

① wig •

② pig •

③ big •

④ dig •

Challenge!

잘 듣고 빈칸에 들어갈 단어를 쓴 다음, 알맞은 스티커를 찾아 수정구 안에 붙이세요. 🎧005

Look at that big   !

• look at ~을 보다   that 저, 저것

69

Listen & Repeat 다음 단어를 잘 듣고 따라 말해 보세요. 🎧 001

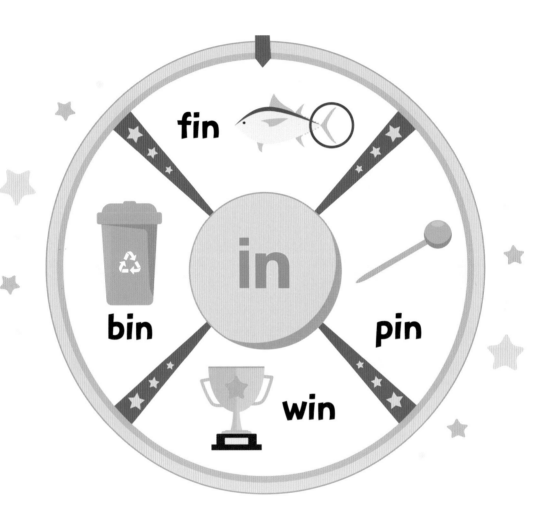

Let's Chant! 신나는 챈트를 들으면서 따라 불러 보세요. 🎧 002

• fin 지느러미   pin 핀   win 이기다   bin 쓰레기통

70

정답 186쪽

A 잘 듣고 따라 써 보세요. 🎧003

① fin

② pin

③ win

④ bin

B 잘 듣고 그림과 단어를 알맞게 연결해 보세요. 🎧004

① win •

② bin •

③ fin •

④ pin •

Challenge!

잘 듣고 빈칸에 들어갈 단어를 쓴 다음, 알맞은 스티커를 찾아
수정구 <u>안에</u> 붙이세요. 🎧005

This _____ looks like a fin.

• this 이, 이것 looks like (~처럼) 보이다 (현재형 look)

71

12 단모음 i : ip / it

Listen & Repeat   다음 단어를 잘 듣고 따라 말해 보세요. 🎧 001

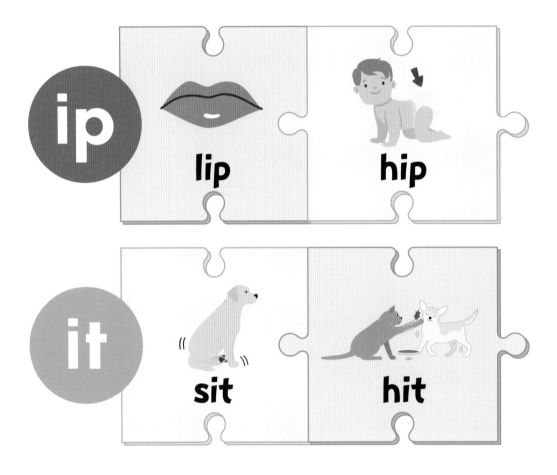

ip   lip   hip

it   sit   hit

Let's Chant!   신나는 챈트를 들으면서 따라 불러 보세요. 🎧 002

lip   lip
sit   sit

hip   hip
hit   hit

• lip 입술 hip 엉덩이 sit 앉다 hit 치다, 때리다

정답 186쪽

A 잘 듣고 따라 써 보세요. (🎧003)

① lip

② hip

③ sit

④ hit

B 잘 듣고 알맞은 것을 고른 후 단어를 완성해 보세요. (🎧004)

①  -ip / -it ·····> h ☐

② -ip / -it ·····> s ☐

③ -ip / -it ·····> h ☐

④  -ip / -it ·····> l ☐

Challenge!

잘 듣고 빈칸에 들어갈 단어를 쓴 다음, 알맞은 스티커를 찾아
수정구 <u>안</u>에 붙이세요. (🎧005)

Max,   **down!**

• **Max** 맥스 (남자·수컷 반려동물 이름) **down** 아래로

Unit
13 단모음 O : og

 **Listen & Repeat** 다음 단어를 잘 듣고 따라 말해 보세요. 🎧 001

dog

og

log

jog

fog

🎤 **Let's Chant!** 신나는 챈트를 들으면서 따라 불러 보세요. 🎧 002

dog   dog    jog   jog

fog   fog   log   log

• dog 개   jog 조깅하다   fog 안개   log 통나무

74

정답 187쪽

A 잘 듣고 따라 써 보세요. 🎧003

① dog

② jog

③ fog

④ log

B 잘 듣고 그림과 단어를 알맞게 연결해 보세요. 🎧004

① jog ·

② fog ·

③ dog ·

④ log ·

Challenge!

잘 듣고 빈칸에 들어갈 단어를 쓴 다음, 알맞은 스티커를 찾아
수정구 <u>안에</u> 붙이세요. 🎧005

I jog with my
in the afternoon.

· my 나의   afternoon 오후

Listen & Repeat   다음 단어를 잘 듣고 따라 말해 보세요. 🎧001

cop

op

hop

pop

top

Let's Chant!   신나는 챈트를 들으면서 따라 불러 보세요. 🎧002

cop   cop   pop   pop
top   top   hop   hop

• cop 경찰관   pop 펑 하고 소리 내다   top 팽이   hop (한 발로) 깡충깡충 뛰다

76

정답 187쪽

A 잘 듣고 따라 써 보세요. 🎧003

① cop

② pop

③ top

④ hop

B 잘 듣고 그림과 단어를 알맞게 연결해 보세요. 🎧004

① pop •

② cop •

③ hop •

④ top •

Challenge!

잘 듣고 빈칸에 들어갈 단어를 쓴 다음, 알맞은 스티커를 찾아
수정구 안에 붙이세요. 🎧005

A　　　　　hopped into his car.

• into ~ 안으로　his 그의

77

Unit
15 단모음 O : ot / ox

 **Listen & Repeat** 다음 단어를 잘 듣고 따라 말해 보세요. 🎧001

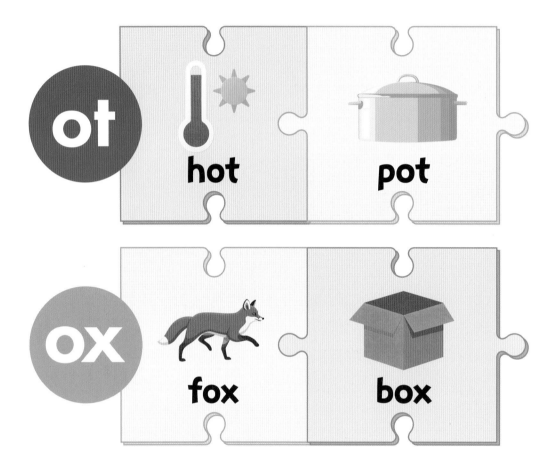

ot

hot

pot

ox

fox

box

 **Let's Chant!** 신나는 챈트를 들으면서 따라 불러 보세요. 🎧002

hot hot
fox fox

pot
box

pot
box

• hot 더운, 뜨거운 pot 냄비, 솥 fox 여우 box 상자

78

정답 187쪽

A 잘 듣고 따라 써 보세요. (🎧003)

① hot

② pot

③ fox

④ box

B 잘 듣고 알맞은 것을 고른 후 단어를 완성해 보세요. (🎧004)

① -ot / -ox · · · · · · > f [　　　]

② -ot / -ox · · · · · · > p [　　　]

③ -ot / -ox · · · · · · > h [　　　]

④ -ot / -ox · · · · · · > b [　　　]

Challenge!

잘 듣고 빈칸에 들어갈 단어를 쓴 다음, 알맞은 스티커를 찾아 수정구 <u>안에</u> 붙이세요. (🎧005)

A fox is sleeping in a   .

• is sleeping 자고 있다 (현재형 sleep)

79

16 단모음 u : ub / ug

🔊 **Listen & Repeat** 다음 단어를 잘 듣고 따라 말해 보세요. 🎧001

rub

tub

bug

hug

🎤 **Let's Chant!** 신나는 챈트를 들으면서 따라 불러 보세요. 🎧002

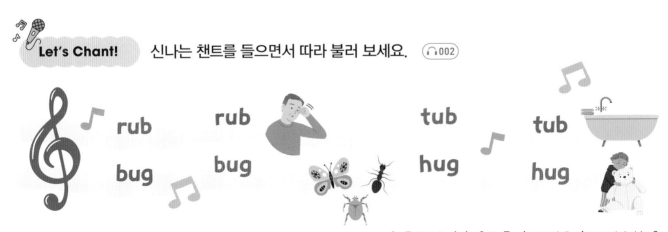

rub rub   tub tub

bug bug   hug hug

• rub 문지르다 tub 욕조, 통 bug 벌레 hug 껴안다/포옹

A 잘 듣고 따라 써 보세요. 🎧003

① rub

② tub

③ bug

④ hug

B 잘 듣고 알맞은 것을 고른 후 단어를 완성해 보세요. 🎧004

 ① -ub / -ug ·····⟩ r ☐

 ② -ub / -ug ·····⟩ h ☐

 ③ -ub / -ug ·····⟩ b ☐

 ④ -ub / -ug ·····⟩ t ☐

Challenge!

잘 듣고 빈칸에 들어갈 단어를 쓴 다음, 알맞은 스티커를 찾아 수정구 <u>안에</u> 붙이세요. 🎧005

A bug is in the   .

Listen & Repeat 다음 단어를 잘 듣고 따라 말해 보세요. 🎧001

ud

bud

mud

un

sun

run

Let's Chant! 신나는 챈트를 들으면서 따라 불러 보세요. 🎧002

bud   bud   mud   mud
sun   sun   run   run

• bud 싹   mud 진흙   sun 해, 태양   run 달리다, 뛰다

A 잘 듣고 따라 써 보세요. 🎧003

① bud

② mud

③ sun

④ run

B 잘 듣고 알맞은 것을 고른 후 단어를 완성해 보세요. 🎧004

① 　-ud / -un　· · · · ·>　m ____

② 　-ud / -un　· · · · ·>　r ____

③ 　-ud / -un　· · · · ·>　s ____

④ -ud / -un　· · · · ·>　b ____

Challenge!

잘 듣고 빈칸에 들어갈 단어를 쓴 다음, 알맞은 스티커를 찾아 수정구 안에 붙이세요. 🎧005

I can see a _____ in the mud.

• see 보다

18 단모음 U : up / ut

Listen & Repeat 다음 단어를 잘 듣고 따라 말해 보세요. 🎧 001

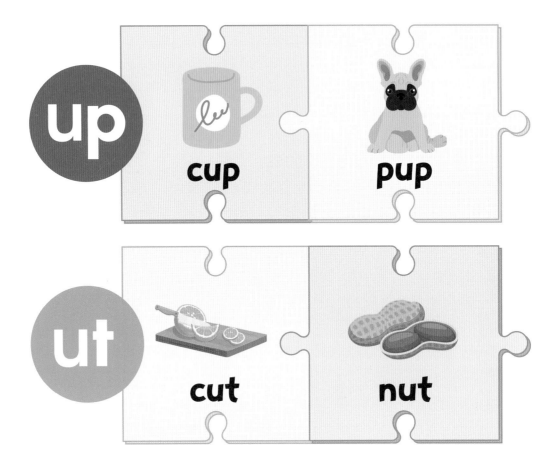

up

cup

pup

ut

cut

nut

Let's Chant! 신나는 챈트를 들으면서 따라 불러 보세요. 🎧 002

cup   cup

cut   cut

pup   pup

nut   nut

• cup 컵, 잔   pup 강아지   cut 자르다, 베다   nut 견과

정답 187쪽

A 잘 듣고 따라 써 보세요. 🎧003

① cup

② pup

③ cut

④ nut

B 잘 듣고 알맞은 것을 고른 후 단어를 완성해 보세요. 🎧004

① 　-up / -ut　·····⟩　p [　　　　]

② 　-up / -ut　·····⟩　c [　　　　]

③ 　-up / -ut　·····⟩　c [　　　　]

④ 　-up / -ut　·····⟩　n [　　　　]

Challenge!

잘 듣고 빈칸에 들어갈 단어를 쓴 다음, 알맞은 스티커를 찾아
수정구 <u>안</u>에 붙이세요. 🎧005

Put your 　　　　　　 **on the table.**

・put 두다, 놓다　your 너의　table 식탁, 탁자

85

REVIEW 02

A 그림에 알맞은 단어를 상자에서 찾아 밑줄에 쓰세요.

pig run lid box cut bug

1

2

3

4

5

6

B 잘 듣고 그림에 알맞은 단어를 찾아 동그라미 친 후 밑줄에 쓰세요. 🎧001

1
d b i n z

2
s u n o m

3
m f h i t

4
s l i p v

86

정답 191쪽

C 잘 듣고 주어진 알파벳 조합이 들어가지 <u>않은</u> 단어의 그림을 찾아 동그라미를 치세요. ∩002

D 잘 듣고 밑줄을 채워 문장을 완성하세요. ∩003

1 I can see a _____ in the mud.

2 You can _____ pink with red.

3 A bug is in the _____ .

4 Put your _____ on the table.

장모음

이번에는 알파벳 모음이 길게 소리 날 때에 관해 알아볼 거예요.

'자음+모음+자음+e' 형태의 단어에서 앞에 나오는 모음은 길게 소리 나요.

이렇게 길게 소리 나는 모음을 **장모음**이라고 합니다. 그리고 단어 끝의 알파벳

e를 '매직 e'라고 해요. e라는 글자는 있지만 실제로는 소리가 나지 않아요. 매직

e가 있으면 앞의 모음은 자기 이름으로 발음하게 됩니다. 즉, **a**는 **[에이]**, **i**는

[아이], **o**는 **[오우]**, **u**는 **[유]**로 소리 나는 거예요.

지금부터 매직 e가 들어간 단어 안에서 앞에 나오는 모음이 어떻게 소리 나는지

본격적으로 알아볼까요?

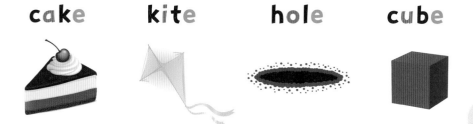

cake   kite   hole   cube

Unit 01 장모음 a : ake

bake

make

ake

cake

lake

 **Let's Chant!** 신나는 챈트를 들으면서 따라 불러 보세요. 002

bake   bake   cake   cake

lake   lake   make   make

• bake 굽다   cake 케이크   lake 호수   make 만들다

정답 187쪽

A 잘 듣고 따라 써 보세요. (003)

① bake

② cake

③ lake

④ make

B 잘 듣고 그림과 단어를 알맞게 연결해 보세요. (004)

① make ·

② cake ·

③ bake ·

④ lake ·

Challenge!

잘 듣고 빈칸에 들어갈 단어를 쓴 다음, 알맞은 스티커를 찾아
수정구 <u>안에</u> 붙이세요. (005)

Let's bake a _____.

· let's ~하자

Unit

02 장모음 a : ame

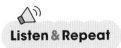 **Listen & Repeat** 다음 단어를 잘 듣고 따라 말해 보세요. 001

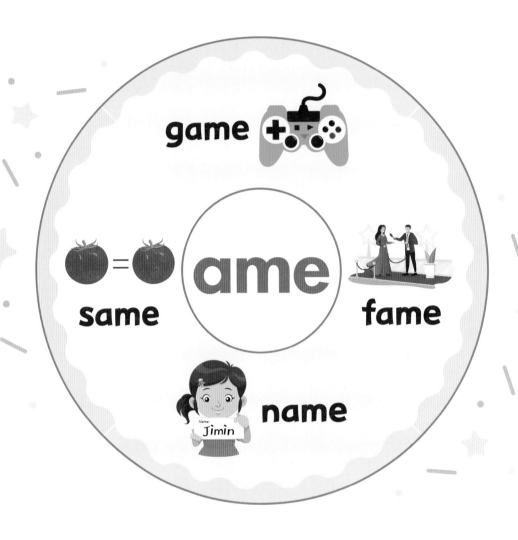

game

same = ame = fame

name

 **Let's Chant!** 신나는 챈트를 들으면서 따라 불러 보세요. 002

game   game   fame   fame

name   name   same   same

• game 게임, 시합   fame 명성   name 이름   same 같은

92

정답 187쪽

A 잘 듣고 따라 써 보세요. 🎧003

① game

② fame

③ name

④ same

B 잘 듣고 그림과 단어를 알맞게 연결해 보세요. 🎧004

① same •

② name •

③ fame •

④ game •

Challenge!

잘 듣고 빈칸에 들어갈 단어를 쓴 다음, 알맞은 스티커를 찾아
수정구 <u>안에</u> 붙이세요. 🎧005

My friend and I have

the same   .

• friend 친구   have 가지고 있다

03 장모음 **a** : ane / ate

 **Listen & Repeat** 다음 단어를 잘 듣고 따라 말해 보세요. 🎧 001

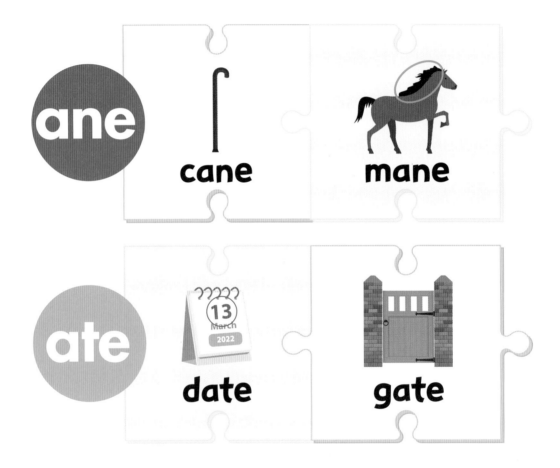

Let's Chant! 신나는 챈트를 들으면서 따라 불러 보세요. 🎧 002

cane   cane   mane   mane

date   date   gate   gate

• cane 지팡이   mane (사자, 말의) 갈기   date 날짜   gate 문, (문이 달린) 출입구

정답 187쪽

A 잘 듣고 따라 써 보세요. 🎧003

① cane

② mane

③ date

④ gate

B 잘 듣고 알맞은 것을 고른 후 빈칸에 단어를 써 보세요. 🎧004

① (mane)/ cane ·····> mane

② gate / date ·····>

③ gate / cane ·····>

④ mane / date ·····>

Challenge!

잘 듣고 빈칸에 들어갈 단어를 쓴 다음, 알맞은 스티커를 찾아
수정구 <u>안에</u> 붙이세요. 🎧005

Can you open the   , please?

• open 열다

Unit 04 장모음 a : ape / ave

Listen & Repeat 다음 단어를 잘 듣고 따라 말해 보세요. 🎧001

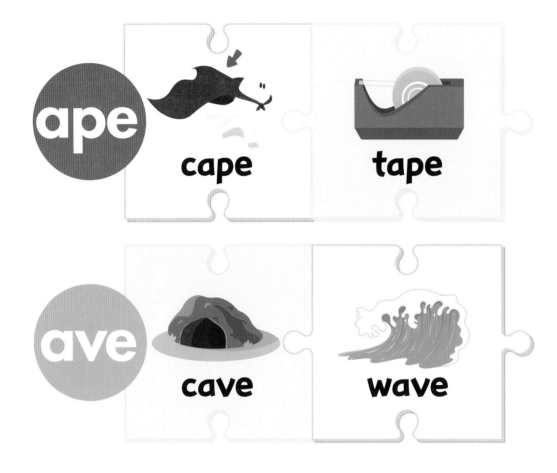

cape
tape
cave
wave

Let's Chant! 신나는 챈트를 들으면서 따라 불러 보세요. 🎧002

cape cape tape tape
cave cave wave wave

• cape 망토 tape 테이프 cave 동굴 wave 파도

96

A 잘 듣고 따라 써 보세요. 🎧003

① cape ② tape

③ cave ④ wave

B 잘 듣고 알맞은 것을 고른 후 빈칸에 단어를 써 보세요. 🎧004

① wave / cave ·····> ☐

② cape / tape ·····> ☐

③ wave / cave ·····> ☐

④ cape / tape ·····> ☐

Challenge!

잘 듣고 빈칸에 들어갈 단어를 쓴 다음, 알맞은 스티커를 찾아
수정구 <u>안에</u> 붙이세요. 🎧005

Let's wear a cape and go to

the _____.

• wear 입다   go 가다   to ~에, ~로

97

Listen & Repeat 다음 단어를 잘 듣고 따라 말해 보세요. 🎧001

ase

case

vase

ace

lace

face

Let's Chant! 신나는 챈트를 들으면서 따라 불러 보세요. 🎧001

case   case

   vase   vase

lace   lace   face

• case 상자, 통   vase 꽃병   lace 레이스   face 얼굴

A 잘 듣고 따라 써 보세요. 🎧003

① case

② vase

③ lace

④ face

B 잘 듣고 알맞은 것을 고른 후 빈칸에 단어를 써 보세요. 🎧004

① case / vase ·····>

② lace / vase ·····>

③ face / case ·····>

④ face / lace ·····>

Challenge!

잘 듣고 빈칸에 들어갈 단어를 쓴 다음, 알맞은 스티커를 찾아
수정구 <u>안에</u> 붙이세요. 🎧005

There is a _____ **next to
a case.**

• next to ~ 옆에, ~과 나란히

 Listen & Repeat 다음 단어를 잘 듣고 따라 말해 보세요. 🎧001

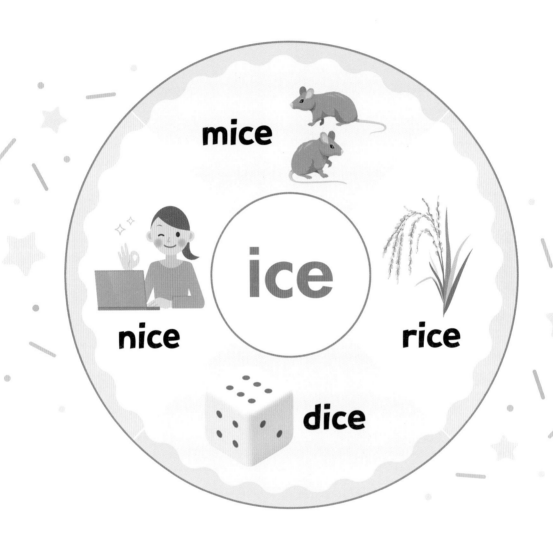

mice

nice

ice

rice

dice

 **Let's Chant!** 신나는 챈트를 들으면서 따라 불러 보세요. 002

mice   mice   rice   rice
dice   dice   nice   nice

• mice (여러 마리) 쥐 (mouse 쥐 한 마리)   rice 벼, 쌀   dice 주사위   nice 좋은

100

A 잘 듣고 따라 써 보세요. 🎧003

① mice

② rice

③ dice

④ nice

B 잘 듣고 그림과 단어를 알맞게 연결해 보세요. 🎧004

① rice •

② mice •

③ dice •

④ nice •

Challenge!

잘 듣고 빈칸에 들어갈 단어를 쓴 다음, 알맞은 스티커를 찾아 수정구 <u>안에</u> 붙이세요. 🎧005

Roll the _____ ! That's nice.

• roll 굴리다

장모음 i : ide / ike

 **Listen & Repeat** 다음 단어를 잘 듣고 따라 말해 보세요. 001

ide hide ride

ike bike hike

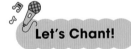 **Let's Chant!** 신나는 챈트를 들으면서 따라 불러 보세요. 002

 hide hide   ride ride

bike bike hike hike

• hide 숨다   ride 타다   bike 자전거   hike 하이킹 하다/도보 여행

정답 188쪽

A 잘 듣고 따라 써 보세요. 🎧003

① hide

② ride

③ bike

④ hike

B 잘 듣고 알맞은 것을 고른 후 빈칸에 단어를 써 보세요. 🎧004

①  hide / hike · · · · ·>

②  ride / hike · · · · ·>

③  hide / bike · · · · ·>

④  ride / bike · · · · ·>

Challenge!

잘 듣고 빈칸에 들어갈 단어를 쓴 다음, 알맞은 스티커를 찾아
수정구 <u>안에</u> 붙이세요. 🎧005

**I like to ride my
in the park.**

• park 공원

103

Unit 08 장모음 i : ime / ive

 **Listen & Repeat** 다음 단어를 잘 듣고 따라 말해 보세요. 🎧001

ime

lime

time

ive

dive

five

 **Let's Chant!** 신나는 챈트를 들으면서 따라 불러 보세요. 🎧002

lime
dive

lime
dive

time
five

time
five

• lime 라임 (레몬과 비슷하게 생긴 녹색 과일)　time 시간　dive 뛰어들다, 다이빙하다　five 다섯, 5

A 잘 듣고 따라 써 보세요. (🎧003)

① lime

② time

③ dive

④ five

B 잘 듣고 알맞은 것을 고른 후 빈칸에 단어를 써 보세요. (🎧004)

① time / lime · · · · ·>

② dive / five · · · · ·>

③ five / dive · · · · ·>

④ time / lime · · · · ·>

Challenge!

잘 듣고 빈칸에 들어갈 단어를 쓴 다음, 알맞은 스티커를 찾아
수정구 <u>안에</u> 붙이세요. (🎧005)

Oh, this _____ **is very sour!**

• very 아주, 매우   sour (맛이) 신

REVIEW 01

A 그림에 알맞은 단어를 상자에서 찾아 밑줄에 쓰세요.

face   cake   date   five   nice   same

1

2

3

_____   _____   _____

4

5

6

_____   _____   _____

B 잘 듣고 그림에 알맞은 단어를 찾아 동그라미 친 후 밑줄에 쓰세요. 🎧001

1
m a n e o y _____

2
k c a p e u _____

3
d t i m e v _____

4
s q g a m e _____

C 잘 듣고 주어진 알파벳 조합이 들어간 단어의 그림에 모두 동그라미를 치세요. 🎧002

D 잘 듣고 밑줄을 채워 문장을 완성하세요. 🎧003

1 There is a _____ next to a case.

2 Can you open the _____, please?

3 I like to ride my _____ in the park.

4 My friend and I have the same _____.

 **Listen & Repeat** 다음 단어를 잘 듣고 따라 말해 보세요. 001

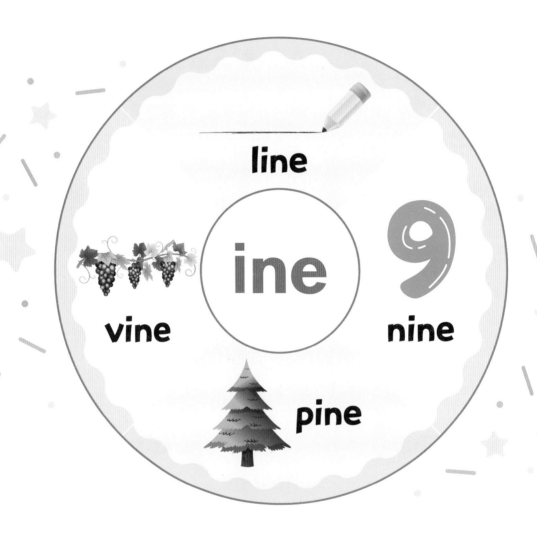

line

ine

vine

nine

pine

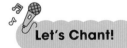 **Let's Chant!** 신나는 챈트를 들으면서 따라 불러 보세요. 002

 line   line    nine   nine

pine   pine   vine   vine

• line 선, 줄   nine 아홉, 9   pine 소나무   vine 포도나무

A 잘 듣고 따라 써 보세요. (003)

① line

② nine

③ pine

④ vine

B 잘 듣고 그림과 단어를 알맞게 연결해 보세요. (004)

① vine •

② line •

③ pine •

④ nine •

Challenge!

잘 듣고 빈칸에 들어갈 단어를 쓴 다음, 알맞은 스티커를 찾아
수정구 안에 붙이세요. (005)

Draw a ____ with your pencil.

• draw (색칠하지 않고 연필 등으로) 그리다   pencil 연필

10 장모음 i : ipe / ite

 **Listen & Repeat** 다음 단어를 잘 듣고 따라 말해 보세요. 001

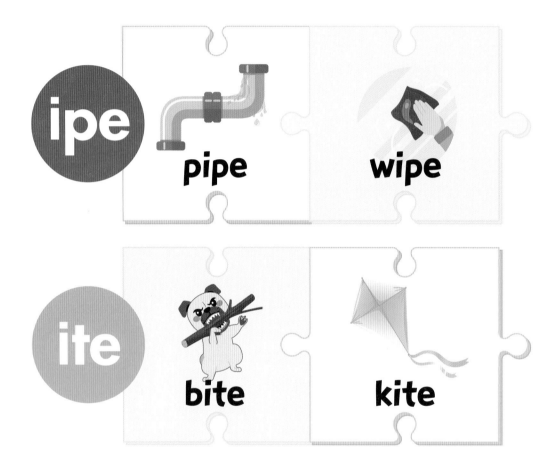

ipe

pipe

wipe

ite

bite

kite

 **Let's Chant!** 신나는 챈트를 들으면서 따라 불러 보세요. 002

pipe   pipe

bite   bite

wipe   wipe

kite   kite

• pipe 관   wipe 닦다   bite 물다   kite 연

정답 188쪽

A 잘 듣고 따라 써 보세요. 🎧003

① pipe

② wipe

③ bite

④ kite

B 잘 듣고 알맞은 것을 고른 후 빈칸에 단어를 써 보세요. 🎧004

① bite / wipe ·····→ ⬜

② kite / pipe ·····→ ⬜

③ kite / pipe ·····→ ⬜

④ bite / wipe ·····→ ⬜

Challenge!

잘 듣고 빈칸에 들어갈 단어를 쓴 다음, 알맞은 스티커를 찾아
수정구 <u>안에</u> 붙이세요. 🎧005

Let's go outside and fly

a _____ .

• outside 밖에   and 그리고   fly 날리다

 **Listen & Repeat** 다음 단어를 잘 듣고 따라 말해 보세요. 🎧001

ole
hole
mole

ome
dome
home

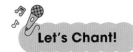 **Let's Chant!** 신나는 챈트를 들으면서 따라 불러 보세요. 🎧002

hole   hole   mole   mole
dome   dome   home   home

• hole 구덩이, 구멍   mole 두더지   dome 돔, 반구형 지붕   home 집, 가정

112

정답 188쪽

A 잘 듣고 따라 써 보세요. 🎧003

① hole

② mole

③ dome

④ home

B 잘 듣고 알맞은 것을 고른 후 빈칸에 단어를 써 보세요. 🎧004

① home / hole ·····›

② mole / hole ·····›

③ dome / home ·····›

④ dome / mole ·····›

Challenge!

잘 듣고 빈칸에 들어갈 단어를 쓴 다음, 알맞은 스티커를 찾아
수정구 <u>안</u>에 붙이세요. 🎧005

A　　　　　　　**is in the hole.**

Unit 12 장모음 O : one / ose

 **Listen & Repeat** 다음 단어를 잘 듣고 따라 말해 보세요.   001

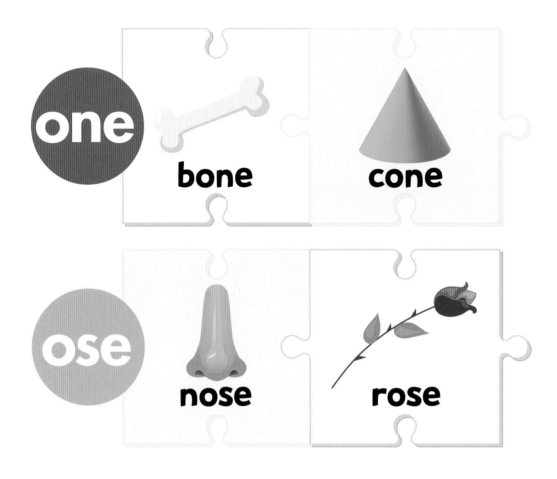

one

bone

cone

ose

nose

rose

 **Let's Chant!** 신나는 챈트를 들으면서 따라 불러 보세요.   002

bone bone

nose nose

cone

rose

cone

rose

· bone 뼈 cone 원뿔 nose 코 rose 장미

114

A 잘 듣고 따라 써 보세요. 🎧003

① bone

② cone

③ nose

④ rose

B 잘 듣고 알맞은 것을 고른 후 빈칸에 단어를 써 보세요. 🎧004

① rose / nose ·····›

② cone / bone ·····›

③ rose / nose ·····›

④ bone / cone ·····›

Challenge!

잘 듣고 빈칸에 들어갈 단어를 쓴 다음, 알맞은 스티커를 찾아 수정구 <u>안에</u> 붙이세요. 🎧005

I gave a _____ to my grandma.

• gave 주었다 (현재형 give)   to ~에게   grandma 할머니

Unit 13 장모음 O : ope / ote

 **Listen & Repeat** 다음 단어를 잘 듣고 따라 말해 보세요. 001

ope

hope

rope

ote

note

vote

 **Let's Chant!** 신나는 챈트를 들으면서 따라 불러 보세요. 002

hope　hope　rope　rope

note　note　vote　vote

• hope 희망하다/희망　rope 밧줄　note 메모, 쪽지　vote 투표하다/(투)표

116

정답 188쪽

A 잘 듣고 따라 써 보세요. 🎧003

① hope

② rope

③ note

④ vote

B 잘 듣고 알맞은 것을 고른 후 빈칸에 단어를 써 보세요. 🎧004

① hope / vote ·····▷

② note / rope ·····▷

③ vote / rope ·····▷

④ hope / note ·····▷

Challenge!

잘 듣고 빈칸에 들어갈 단어를 쓴 다음, 알맞은 스티커를 찾아 수정구 <u>안에</u> 붙이세요. 🎧005

Ken is throwing a   .

• Ken 켄 (남자 이름)   is throwing 던지고 있다 (현재형 throw)

117

Unit 14 장모음 u : ube / ute

 **Listen & Repeat** 다음 단어를 잘 듣고 따라 말해 보세요. 🎧001

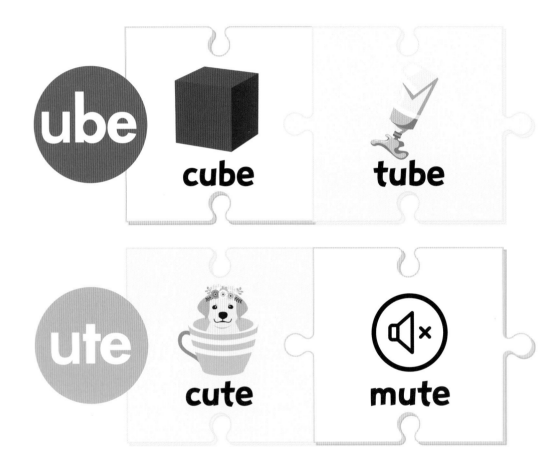

ube

cube

tube

ute

cute

mute

Let's Chant! 신나는 챈트를 들으면서 따라 불러 보세요. 🎧002

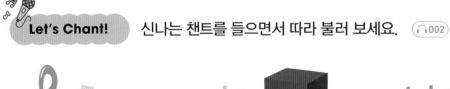

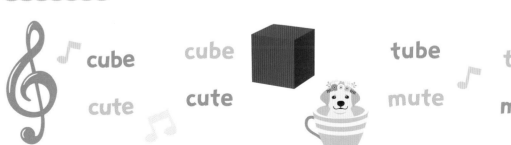

cube cube   tube tube

cute cute   mute mute

• cube 정육면체   tube 튜브, 통   cute 귀여운   mute 말이 없는

118

정답 188쪽

A 잘 듣고 따라 써 보세요. 🎧003

① cube

② tube

③ cute

④ mute

B 잘 듣고 알맞은 것을 고른 후 빈칸에 단어를 써 보세요. 🎧004

① 　cube / cute　·····>

② ⬛　tube / cube　·····>

③ 　mute / tube　·····>

④ 🔇　mute / cute　·····>

Challenge!

잘 듣고 빈칸에 들어갈 단어를 쓴 다음, 알맞은 스티커를 찾아 수정구 안에 붙이세요. 🎧005

There is a big ice on the plate.

• ice 얼음　plate 접시

119

 **Listen & Repeat** 다음 단어를 잘 듣고 따라 말해 보세요. 🎧001

 **Let's Chant!** 신나는 챈트를 들으면서 따라 불러 보세요. 🎧002

mule mule

June June

rule rule

tune tune

• mule 노새   rule 규칙   June 6월   tune 곡, 선율

A 잘 듣고 따라 써 보세요. 003

① mule
② rule
③ June
④ tune

B 잘 듣고 알맞은 것을 고른 후 빈칸에 단어를 써 보세요. 004

① rule / mule · · · · ·▸

② June / tune · · · · ·▸

③ June / tune · · · · ·▸

④ rule / mule · · · · ·▸

Challenge!

잘 듣고 빈칸에 들어갈 단어를 쓴 다음, 알맞은 스티커를 찾아 수정구 안에 붙이세요. 005

The mule was born in

• was born in ~에 태어났다

121

REVIEW 02

A 그림에 알맞은 단어를 상자에서 찾아 밑줄에 쓰세요.

home   nose   line   June   rule   hope

1

2

3

_____

_____

_____

4

5

6

_____

_____

_____

B 잘 듣고 그림에 알맞은 단어를 찾아 동그라미 친 후 밑줄에 쓰세요. 🎧001

1   v   b   o   n   e   a   _____

2   g   p   b   i   t   e   _____

3   l   p   i   n   e   u   _____

4    t   u   n   e   l   r   _____

122

정답 192쪽

C 잘 듣고 주어진 알파벳 조합이 들어간 단어의 그림에 <u>모두</u> 동그라미를 치세요. (🎧 002)

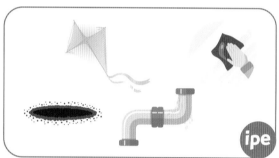

D 잘 듣고 밑줄을 채워 문장을 완성하세요. (🎧 003)

1 I gave a _____ to my grandma.

2 A _____ is in the hole.

3 There is a big ice _____ on the plate.

4 Ken is throwing a _____.

장모음 e

장모음에 관해 공부할 때 '자음+모음+자음+e' 형태의 단어는 앞에 있는 모음이 길게 자기 이름으로 소리를 낸다고 배웠습니다. 그리고 단어 끝의 e는 소리 나지 않는 '매직 e'라고 배웠죠.

이에 따라 PART 3에서는 4개의 모음 a, i, o, u가 장모음으로 소리 날 때, 즉 a-e, i-e, o-e, u-e 형태의 네 글자 단어를 배웠어요.

그런데 e도 모음이니까 분명히 장모음으로 발음될 때가 있겠죠. 여기서는 장모음 e에 관해 살펴보겠습니다.

1 e-e 형태

e-e 형태로 이루어진 단어에서 앞의 e는 알파벳 e의 이름처럼 [이]로 소리 납니다. 앞의 e를 조금 길게 발음하면 돼요. 다른 모음들이 장모음일 때의 경우와 같아요. 뒤의 e는 당연히 소리 나지 않습니다. 이런 단어로는 meme(밈. 모방을 통해 되풀이되는 문화), these, theme, eve, Steve가 있습니다.

그런데 이 단어들이 모두 네 글자인 건 아니네요? 사실, 장모음의 소리 규칙을 엄격하게 말하자면 '(자음)+모음+자음+e'일 때 앞의 모음은 알파벳 이름 그대로 소리 난다입니다! 반드시 네 글자일 필요는 없어요. 그래서 ice(얼음)가 [아이스]로, ace(고수)가 [에이스]로 발음되는 거예요.

these 이것들　　**eve** 전날 밤, 이브　　**Steve** 스티브 (남자 이름)

2 다른 모음 없이 e 혼자 있는 형태

we, he, she, me처럼 앞에 다른 모음이 없고 단어 끝에 e가 왔는데 장모음 [이]로 발음하는 단어들이 있어요. 이건 특별한 경우이므로 무조건 외워 둬야 합니다. we, he, she, me와 같은 단어를 '사이트 워드(파닉스 규칙에 맞지 않고, 한눈에 보고 아는 단어)'라고 하는데, 이러한 단어는 형태와 발음을 바로 알 수 있게 잘 기억해 두세요. (※사이트 워드는 〈신비한 사이트 워드〉라는 책에서 자세히 배울 수 있어요.)

we 우리는　　**he** 그는　　**she** 그녀는　　**me** 나를

혼자서도 장모음 소리가 나는 o
장모음처럼 활동하는 y

1 다른 모음 없이 o 혼자 있는 형태

모음 o도 다른 모음 없이 단어 안에 혼자 쓰였는데 장모음 [오우] 소리가 날 때가 있어요. go, no, so와 같이 '자음+o'로 이루어진 두 글자 단어일 때 o는 단모음 소리인 [아]가 아니라 [오우]로 발음합니다. 이 단어들 역시 사이트 워드로 분리하여 단어와 발음 자체를 기억해 두세요.

참고로 to는 '자음+o'인 두 글자 단어이지만, [토우]가 아니라 [투]로 발음한다는 것도 알아 두세요.

go 가다　　**no** 없다, 아니다　　**so** 그래서, 그렇게

2 자음이지만 장모음 소리가 나는 y

y는 자음이지만, 모음처럼 소리 나기 때문에 '반모음'이라고도 합니다. 이런 y가 장모음 소리가 날 때가 있어요. sky, cry, dry, fly처럼 짧으면서 모음이 없고 단어 끝에 y가 올 때 y를 [아이]라고 장모음으로 발음합니다.

sky 하늘　　**cry** 울다　　**dry** 마른　　**fly** 날다

참고로 y의 소리에 대해서 더 알아볼게요. y는 [이] 소리가 나기도 합니다. y 앞에 모음 e가 오는 'e+y' 형태일 때 [이]로 발음해요.

key 열쇠　　**monkey** 원숭이　　**honey** 꿀　　**money** 돈

y가 2음절 단어에서 마지막 음절 맨 끝에 나올 때에도 [이]로 발음합니다. baby나 city가 그 예이죠. 음절은 발음할 때 한 번에 내는 소리의 단위입니다. baby는 ba·by라는 두 개의 음절로 된 단어여서 [베이·비]로 발음합니다.

baby 아기　　**city** 도시 (※알파벳 c를 [쓰]로 발음할 때도 있어요.)

125

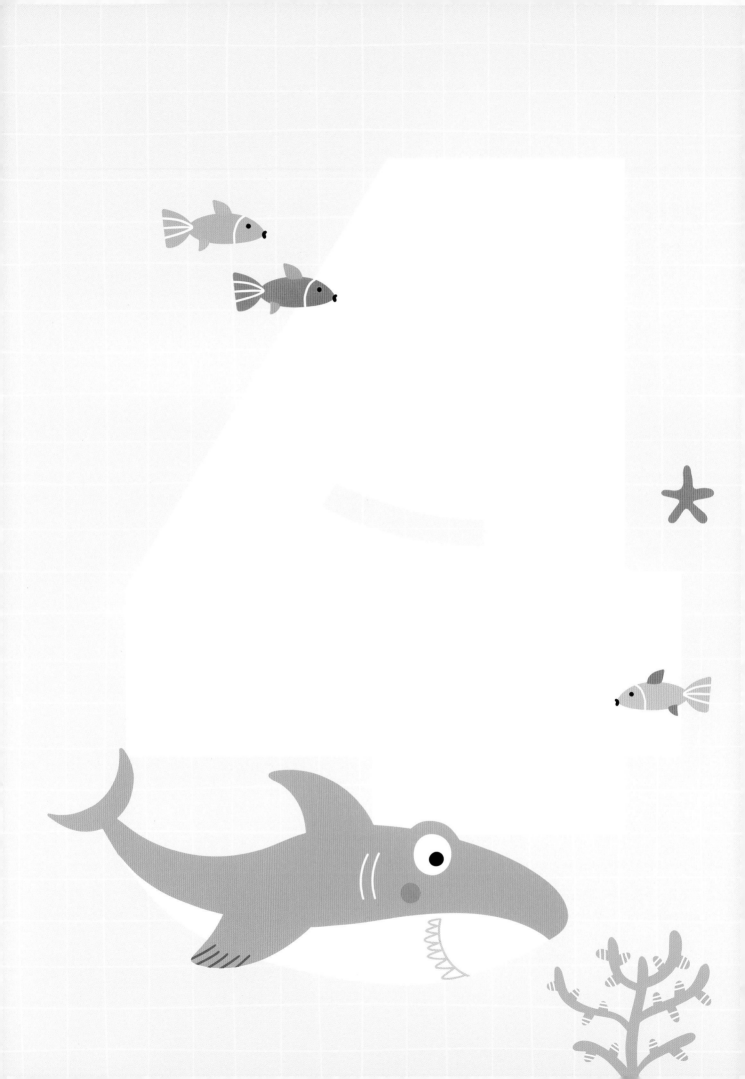

이중자음

알파벳에서 a, e, i, o, u는 모음이라고 하고, 나머지 글자는 자음이라고 해요. 알파벳에서 모음은 5개, 자음은 21개라고 앞에서 배웠어요.

영어 단어를 보면 자음 2개가 나란히 붙어 나오는 것이 많아요. 이렇게 '자음 2개가 나란히 있는 것'을 **이중자음**이라고 합니다.

지금부터 꼭 알아 두어야 할 대표적인 이중자음과 그 소리를 알아봅시다!

[자음 + l] bl / cl / fl / gl / pl / sl

[자음 + r] br / cr / dr / fr / gr / pr / tr

[s + 자음] sc / sk / sm / sn / sp / st / sw

[자음 + h] ch / sh / th / wh

flag

crab

snake

bench

Listen & Repeat 다음 단어를 잘 듣고 따라 말해 보세요. 🎧001

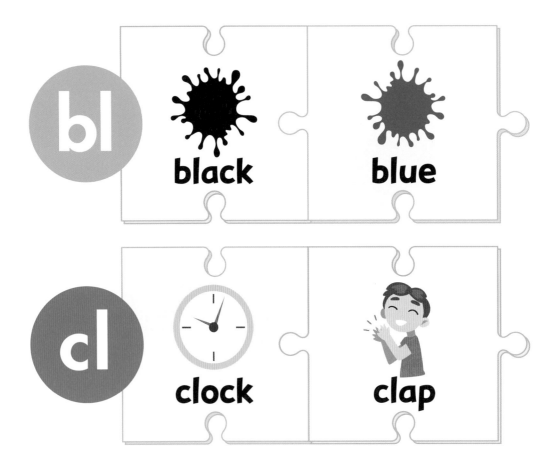

bl

black

blue

cl

clock

clap

Let's Chant! 신나는 챈트를 들으면서 따라 불러 보세요. 🎧002

black   black   blue   blue

clock   clock   clap   clap

• black 검은색/검은   blue 파란색/파란, 푸른   clock (벽에 거는) 시계   clap 손뼉 치다/손뼉

128

정답 188쪽

A 잘 듣고 따라 써 보세요. 🎧003

① black

② blue

③ clock

④ clap

B 잘 듣고 주어진 알파벳을 사용하여 빈칸에 단어를 써 보세요. 🎧004

① l / b / u / e · · · · · > **blue**

② c / o / l / k / c · · · · · >

③ p / l / a / c · · · · · >

④ b / a / l / k / c · · · · · >

Challenge!

잘 듣고 빈칸에 알맞은 단어를 써 보세요. 🎧005

① There is a _____ on the wall.

② Its color is _____ .

· wall 벽   its 그것의   color 색, 색깔

Listen & Repeat 다음 단어를 잘 듣고 따라 말해 보세요. 🎧001

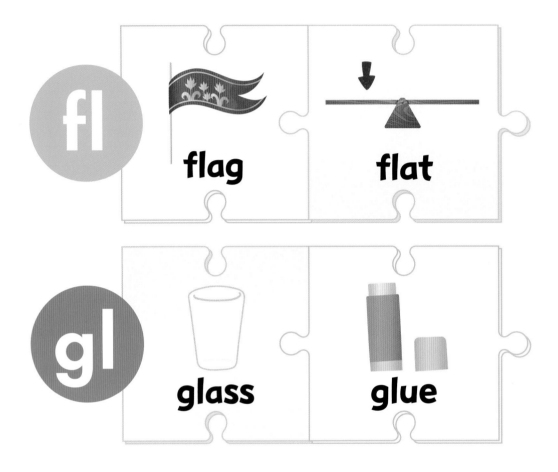

fl

flag

flat

gl

glass

glue

Let's Chant! 신나는 챈트를 들으면서 따라 불러 보세요. 🎧002

flag flag flat flat

glass glass glue glue

• flag 깃발, 기 flat 평평한 glass 유리잔 glue 풀

정답 188쪽

A 잘 듣고 따라 써 보세요. 🎧003

① flag   ② flat

③ glass   ④ glue

B 잘 듣고 주어진 알파벳을 사용하여 빈칸에 단어를 써 보세요. 🎧004

①    e / u / l / g   ·····➤

②    l / s / s / g / a   ·····➤

③    t / f / a / l   ·····➤

④    g / l / a / f   ·····➤

Challenge!

잘 듣고 빈칸에 알맞은 단어를 써 보세요. 🎧005

❶ Pass me the _____ , please.

❷ We made a big _____ in class.

• pass 건네주다   me 나에게   we 우리는   made 만들었다 (현재형 make)   in class 수업 시간에

 **Listen & Repeat** 다음 단어를 잘 듣고 따라 말해 보세요. 001

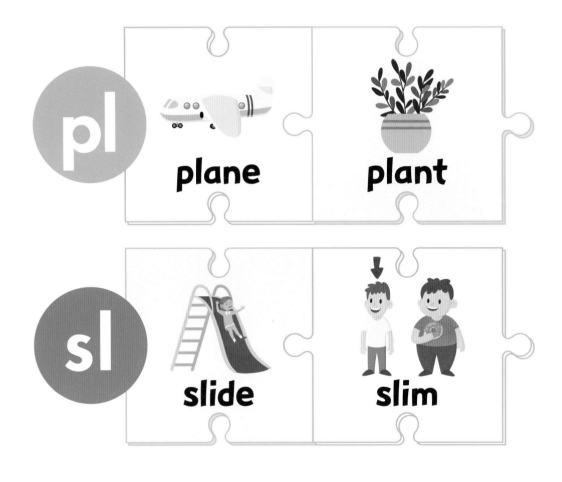

pl

plane

plant

sl

slide

slim

Let's Chant! 신나는 챈트를 들으면서 따라 불러 보세요. 002

plane plane plant plant

slide slide slim slim

• plane 비행기   plant 식물   slide 미끄러지다   slim 가는, 날씬한

132

정답 188쪽

A 잘 듣고 따라 써 보세요. 🎧003

① plane

② plant

③ slide

④ slim

B 잘 듣고 주어진 알파벳을 사용하여 빈칸에 단어를 써 보세요. 🎧004

① 　d / i / e / s / l　·····⟩

② 　l / e / n / a / p　·····⟩

③ 　s / m / i / l　·····⟩

④ p / l / t / a / n　·····⟩

Challenge!

잘 듣고 빈칸에 알맞은 단어를 써 보세요. 🎧005

❶ A kid drew a 　　　　 in class.

❷ The plant is tall and 　　　　.

GOOD JOB

• drew 그렸다 (현재형 draw)　tall 키가 큰, (높이가) 높은

Listen & Repeat   다음 단어를 잘 듣고 따라 말해 보세요. 🎧001

br

brake

brick

cr

crab

cross

Let's Chant!   신나는 챈트를 들으면서 따라 불러 보세요. 🎧002

• brake 브레이크   brick 벽돌   crab 게   cross 건너다

134

정답 189쪽

A 잘 듣고 따라 써 보세요. 🎧003

① brake

② brick

③ crab

④ cross

B 잘 듣고 주어진 알파벳을 사용하여 빈칸에 단어를 써 보세요. 🎧004

①  b / a / e / r / k ·····〉 _____

②  r / c / a / b ·····〉 _____

③ 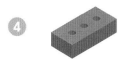 o / s / s / c / r ·····〉 _____

④  k / c / i / r / b ·····〉 _____

Challenge!

잘 듣고 빈칸에 알맞은 단어를 써 보세요. 🎧005

❶ Be careful when you _____ the street.

❷ A girl drew a _____ on the brick.

• careful 조심스러운, 주의하는   when ~하는 (때)   street 길, 도로

Listen & Repeat 다음 단어를 잘 듣고 따라 말해 보세요. 🎧 001

drum

dr

dragon

drive

drink

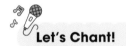

Let's Chant! 신나는 챈트를 들으면서 따라 불러 보세요. 🎧 002

drum drum   drive drive

drink drink dragon dragon

• drum 드럼 drive 운전하다 drink 마시다 dragon 용, 드래곤

136

정답 189쪽

A 잘 듣고 따라 써 보세요. 🎧003

① drum

② drive

③ drink

④ dragon

B 잘 듣고 주어진 알파벳을 사용하여 빈칸에 단어를 써 보세요. 🎧004

①  g / n / o / r / d / a ·····>

②  u / m / d / r ·····>

③  k / d / i / r / n ·····>

④  d / v / r / i / e ·····>

Challenge!

잘 듣고 빈칸에 알맞은 단어를 써 보세요. 🎧005

① I want to _____ a car.

② I played with a _____ in my dream.

• want to ~하고 싶다 played 놀았다 (현재형 play) dream 꿈

137

다음 단어를 잘 듣고 따라 말해 보세요. 🎧001

fr

frog

front

gr

grape

grass

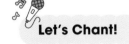
Let's Chant! 신나는 챈트를 들으면서 따라 불러 보세요. 🎧002

frog frog front front
grape grape grass grass

• frog 개구리   front 앞쪽, 앞면   grape 포도 (흔히 grapes로 씀)   grass 잔디, 풀

138

정답 189쪽

A 잘 듣고 따라 써 보세요. 🎧003

① frog

② front

③ grape

④ grass

B 잘 듣고 주어진 알파벳을 사용하여 빈칸에 단어를 써 보세요. 🎧004

①    g / p / r / a / e   ·····›

② g / o / r / f   ·····›

③ f / t / r / o / n   ·····›

④  g / s / a / r / s   ·····›

Challenge!

잘 듣고 빈칸에 알맞은 단어를 써 보세요. 🎧005

① **Look! A** _____ **is watching you.**

② **We want to play soccer on the** _____ **.**

• is watching ~을 보고 있다 (현재형 watch) soccer 축구

 **Listen & Repeat** 다음 단어를 잘 듣고 따라 말해 보세요. 🎧 001

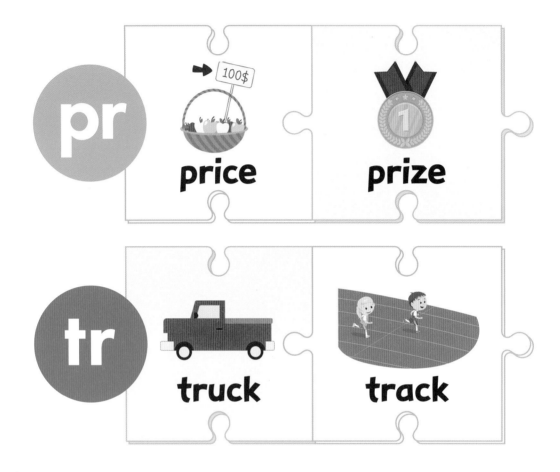

Let's Chant! 신나는 챈트를 들으면서 따라 불러 보세요. 🎧 002

• price 가격   prize 상, 경품   truck 트럭   track (육상 경기용) 트랙

정답 189쪽

A 잘 듣고 따라 써 보세요. 🎧003

① price

② prize

③ truck

④ track

B 잘 듣고 주어진 알파벳을 사용하여 빈칸에 단어를 써 보세요. 🎧004

① 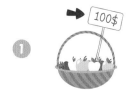 p / i / c / r / e · · · · ·>

②  c / k / t / u / r · · · · ·>

③  e / r / z / p / i · · · · ·>

④ t / a / k / r / c · · · · ·>

Challenge!

잘 듣고 빈칸에 알맞은 단어를 써 보세요. 🎧005

① What is the _____ of the new _____ ?

② For me, pizza is a good _____ .

• new 새, 새로운　good 좋은

REVIEW 01

A 그림에 알맞은 단어를 상자에서 찾아 밑줄에 쓰세요.

track   front   slim   drive   clock   plant

1

2

3

4

5

6

B 잘 듣고 주어진 이중자음이 들어간 단어의 그림에 <u>모두</u> 동그라미를 치세요. 🎧001

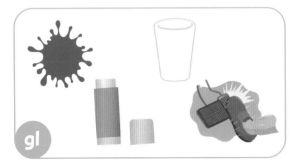

정답 192쪽

C 잘 듣고 단어의 철자를 글자판에서 찾아 동그라미를 치세요. 🎧002

k	q	v	n	x	k	d	u
p	c	m	c	c	g	r	o
c	b	a	i	e	n	i	e
l	l	r	l	q	l	n	p
v	b	a	j	b	p	k	a
m	x	n	p	k	r	q	r
n	c	m	l	c	i	a	g
s	l	i	d	e	x	k	d

1

2

3

4

5

6

D 잘 듣고 밑줄을 채워 문장을 완성하세요. 🎧003

1  A kid drew a _____ in class.

2 Be careful when you _____ the street.

3 We want to play soccer on the _____ .

4 There is a _____ on the wall.

143

Unit 08 sc / sk

 **Listen & Repeat** 다음 단어를 잘 듣고 따라 말해 보세요. 🎧001

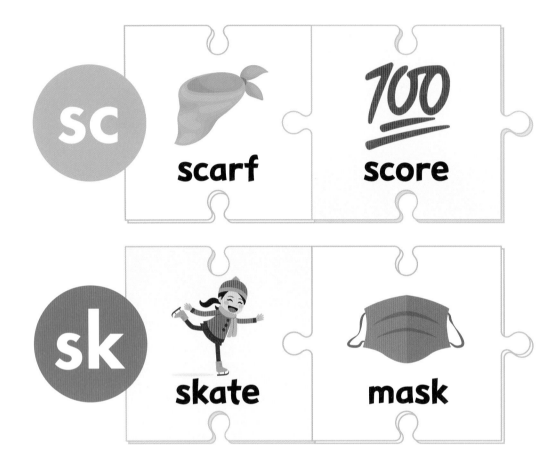

sc scarf score

sk skate mask

 **Let's Chant!** 신나는 챈트를 들으면서 따라 불러 보세요. 🎧002

 scarf scarf  score score

skate skate mask mask

• scarf 스카프　score 점수　skate 스케이트 타다/스케이트　mask 마스크

144

정답 189쪽

A 잘 듣고 따라 써 보세요. (🎧003)

① scarf

② score

③ skate

④ mask

B 잘 듣고 주어진 알파벳을 사용하여 빈칸에 단어를 써 보세요. (🎧004)

①  s / k / a / m ····· ﹥

②  f / c / a / s / r ····· ﹥

③  e / r / o / s / c ····· ﹥

④ k / s / a / e / t ····· ﹥

Challenge!

잘 듣고 빈칸에 알맞은 단어를 써 보세요. (🎧005)

❶ Don't forget to bring your _____ .

❷ I got a perfect _____ on the exam.

* forget 잊다   bring 가져오다   got 얻었다 (현재형 get)   perfect 완벽한   exam 시험

145

Listen & Repeat 다음 단어를 잘 듣고 따라 말해 보세요. 🎧001

smell

smile

snake

snack

Let's Chant! 신나는 챈트를 들으면서 따라 불러 보세요. 🎧002

smell   smell

snake   snake

smile   smile

snack   snack

• smell 냄새 맡다, 냄새가 나다/냄새   smile 미소/미소 짓다   snake 뱀   snack 간식

146

A 잘 듣고 따라 써 보세요. 🎧003

① smell

② smile

③ snake

④ snack

B 잘 듣고 주어진 알파벳을 사용하여 빈칸에 단어를 써 보세요. 🎧004

① m / i / s / l / e ·····>

② e / a / k / s / n ·····>

③ s / n / c / a / k ·····>

④ m / l / e / l / s ·····>

Challenge!

잘 듣고 빈칸에 알맞은 단어를 써 보세요. 🎧005

❶ I can   my   .

❷ He has a big   .

Unit
10 sp / sw

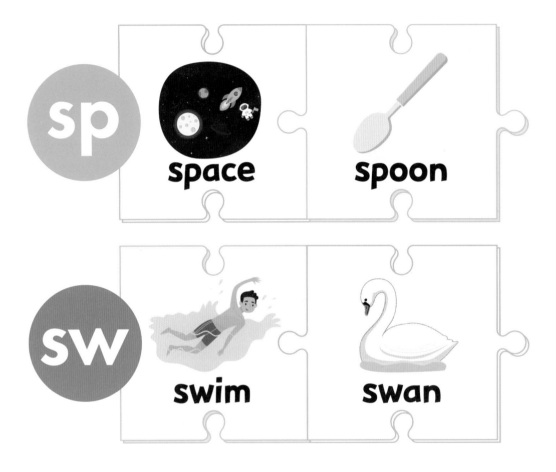

sp
space
spoon

sw
swim
swan

Let's Chant! 신나는 챈트를 들으면서 따라 불러 보세요. 🎧002

space space spoon spoon

swim swim swan swan

• space 우주　spoon 숟가락　swim 헤엄치다, 수영하다　swan 백조

정답 189쪽

A 잘 듣고 따라 써 보세요. 🎧003

① space

② spoon

③ swim

④ swan

B 잘 듣고 주어진 알파벳을 사용하여 빈칸에 단어를 써 보세요. 🎧004

① 　s / a / w / n　· · · · · ·>

② 　o / s / o / p / n　· · · · · ·>

③ 　m / i / w / s　· · · · · ·>

④ 　c / s / e / p / a　· · · · · ·>

Challenge!

잘 듣고 빈칸에 알맞은 단어를 써 보세요. 🎧005

❶ How do you use a　　　　　 in　　　　　 ?

❷ A　　　　　 is swimming in the lake.

• how 어떻게　use 사용하다　is swimming 헤엄치고 있다 (현재형 swim)

149

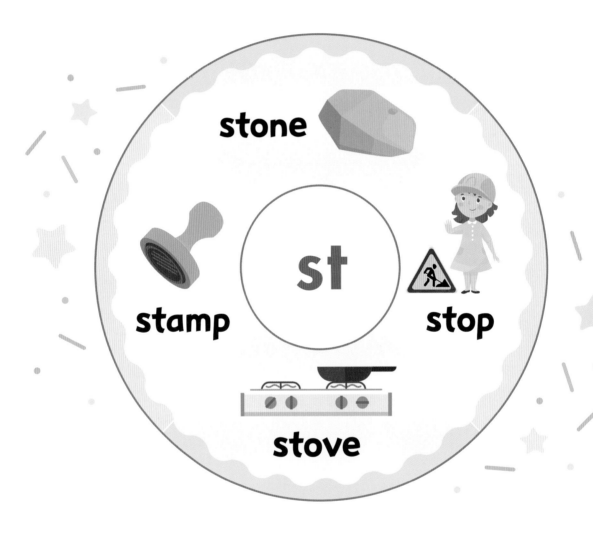

stone

stamp

st

stop

stove

Let's Chant! 신나는 챈트를 들으면서 따라 불러 보세요. 🎧002

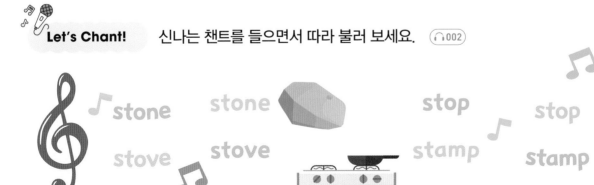

stone stone stop stop

stove stove stamp stamp

• stone 돌   stop 멈추다, 그만두다   stove 가스레인지   stamp 스탬프, 도장

정답 189쪽

A 잘 듣고 따라 써 보세요. 🎧003

① stone

② stop

③ stove

④ stamp

B 잘 듣고 주어진 알파벳을 사용하여 빈칸에 단어를 써 보세요. 🎧004

① e / s / o / t / n · · · · ·▷

② p / t / s / m / a · · · · ·▷

③ v / e / o / t / s · · · · ·▷

④ s / o / p / t · · · · ·▷

Challenge!

잘 듣고 빈칸에 알맞은 단어를 써 보세요. 🎧005

❶ My mom bought a big   .

❷ I threw a   into the river.

• bought 샀다 (현재형 buy)   threw 던졌다 (현재형 throw)   river 강

Listen & Repeat   다음 단어를 잘 듣고 따라 말해 보세요. 🎧001

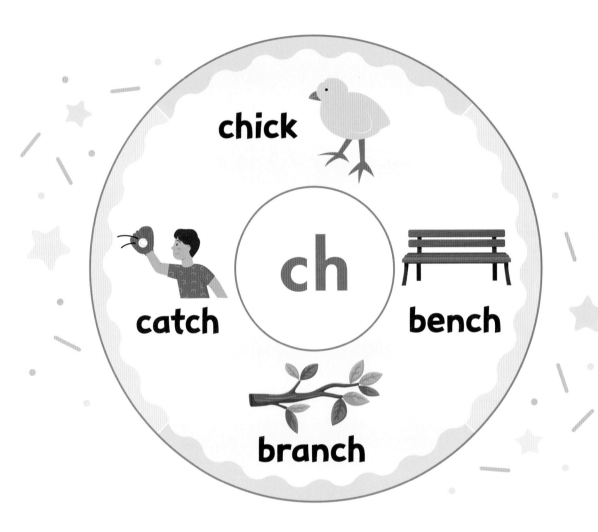

chick

catch

ch

bench

branch

Let's Chant!   신나는 챈트를 들으면서 따라 불러 보세요. 🎧002

chick chick bench bench

branch branch catch catch

• chick 병아리   bench 벤치   branch 나뭇가지   catch 잡다

152

A 잘 듣고 따라 써 보세요. 🎧003

① chick

② bench

③ branch

④ catch

B 잘 듣고 주어진 알파벳을 사용하여 빈칸에 단어를 써 보세요. 🎧004

①  h / b / r / n / a / c ·····>

② c / c / a / t / h ·····>

③  i / c / k / h / c ·····>

④ n / e / b / c / h ·····>

Challenge!

잘 듣고 빈칸에 알맞은 단어를 써 보세요. 🎧005

❶ I sat on a _____ .

❷ Some birds are sitting on a _____ .

• sat 앉았다 (현재형 sit)　some 몇몇의　bird 새　are sitting 앉아 있다 (현재형 sit)

153

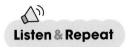

Listen & Repeat 다음 단어를 잘 듣고 따라 말해 보세요. 🎧001

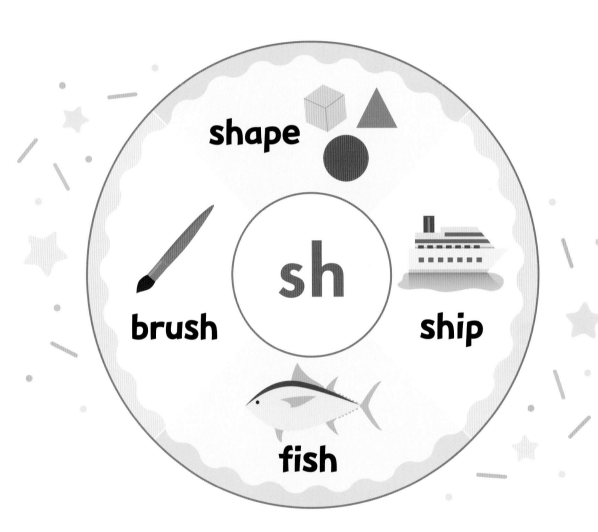

Let's Chant! 신나는 챈트를 들으면서 따라 불러 보세요. 🎧002

• shape 모양 ship (큰) 배, 선박 fish 물고기, 생선 brush 붓

A 잘 듣고 따라 써 보세요. 🎧003

① shape

② ship

③ fish

④ brush

B 잘 듣고 주어진 알파벳을 사용하여 빈칸에 단어를 써 보세요. 🎧004

① 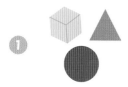 h / s / a / p / e ·····⟩

②  b / s / u / r / h ·····⟩

③  i / f / s / h ·····⟩

④  p / s / i / h ·····⟩

Challenge!

잘 듣고 빈칸에 알맞은 단어를 써 보세요. 🎧005

① I used a _____ to draw a ship.

② I drew _____ next to the ship.

• used 사용했다 (현재형 use)

Listen & Repeat 다음 단어를 잘 듣고 따라 말해 보세요. 🎧001

Let's Chant! 신나는 챈트를 들으면서 따라 불러 보세요. 🎧002

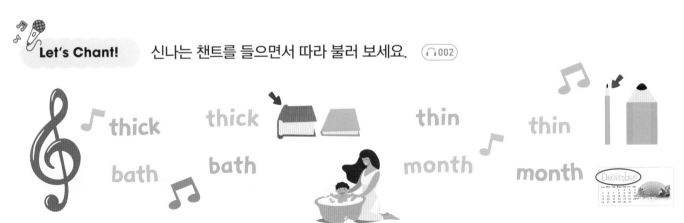

• thick 두꺼운 thin 얇은 bath 목욕 month 달, 월

정답 189쪽

A 잘 듣고 따라 써 보세요. 🎧003

① thick

② thin

③ bath

④ month

B 잘 듣고 주어진 알파벳을 사용하여 빈칸에 단어를 써 보세요. 🎧004

 ① h / n / i / t ·····>

 ② c / k / i / t / h ·····>

 ③ m / t / n / o / h ·····>

 ④ a / t / b / h ·····>

Challenge!

잘 듣고 빈칸에 알맞은 단어를 써 보세요. 🎧005

① This straw is too   .

② I take a   every day.

• straw 빨대   too 너무   every day 매일

157

Unit
15 wh

Listen & Repeat 다음 단어를 잘 듣고 따라 말해 보세요. 🎧001

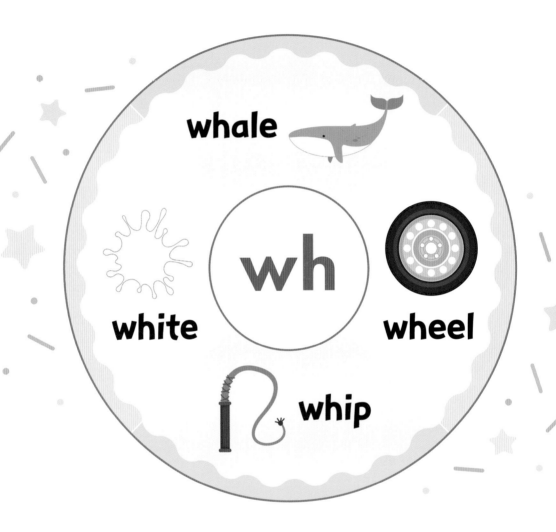

whale

wh

white

wheel

whip

Let's Chant! 신나는 챈트를 들으면서 따라 불러 보세요. 🎧002

🎵 whale   whale   whale   wheel   wheel

whip   whip   white   white

• whale 고래   wheel 바퀴   whip 채찍   white 흰색/흰, 하얀

158

정답 189쪽

A 잘 듣고 따라 써 보세요. 🎧003

① whale

② wheel

③ whip

④ white

B 잘 듣고 주어진 알파벳을 사용하여 빈칸에 단어를 써 보세요. 🎧004

 ① l / w / a / h / e ·····>

 ② h / w / i / p ·····>

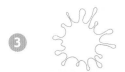 ③ e / h / i / w / t ·····>

 ④ w / e / e / l / h ·····>

Challenge!

잘 듣고 빈칸에 알맞은 단어를 써 보세요. 🎧005

❶ My favorite animal is the   .

❷ The color of the wheel is   .

• favorite 매우 좋아하는   animal 동물   of ~의

REVIEW 02

A 그림에 알맞은 단어를 상자에서 찾아 밑줄에 쓰세요.

skate white thick whale scarf stop

1

2

3

4

5

6

B 잘 듣고 주어진 이중자음이 들어간 단어의 그림에 <u>모두</u> 동그라미를 치세요. (🎧001)

정답 192쪽

C 잘 듣고 단어의 철자를 글자판에서 찾아 동그라미를 치세요. 🎧 002

D 잘 듣고 밑줄을 채워 문장을 완성하세요. 🎧 003

1 A _____ is swimming in the lake.

2 I take a _____ every day.

3 I drew _____ next to the ship.

4 Some birds are sitting on a _____ .

Learn More! 02

특별한 이중자음
ck / ff, ll, ss, tt / gh, ph / nk, nt, ng

'자음 두 개가 나란히 붙어 나오는 것'을 이중자음이라고 한다고 배웠어요. 여기서는 이중자음이지만, 독특하게 소리 내는 특별한 이중자음에 관해 알아보겠습니다.

1 ck 형태

알파벳 c의 기본 소리는 [크]이고 k의 소리도 [크]입니다. c와 k가 나란히 오면 [크크]로 소리 내야 할 것 같지만, 이때는 그냥 [크]라고 짧게 발음해요.

back 뒤   **ne**ck 목   **ro**ck 바위   **so**ck 양말

2 ff, ll, ss, tt 형태

영어에는 puff, bell, dress처럼 끝에 같은 자음이 두 번 나오는 단어들이 있습니다. 1음절 단어이면서 f, l, s, t로 끝나면 같은 자음을 두 번 써야 한다는 규칙이 있어요. '윙윙거리다'라는 뜻의 buzz도 이 규칙이 적용된 단어입니다.

이 규칙이 적용되는 대표적인 단어를 소개할게요. (※예외적으로, tt는 단어 끝이 아니라 단어 중간에 오기도 해요.)

puff (숨 등을) 한 번 불기/뻐끔뻐끔 피우다	**hu**ff 씩씩거리다	**cu**ff (셔츠의) 소맷부리
bell 벨, 종	**hi**ll 언덕	**ye**ll 소리치다/고함, 외침
dress 원피스, 드레스	**mi**ss 놓치다, 그리워하다	**le**ss 더 적은, 덜한
butt (머리로) 들이받다	**ki**tten 새끼 고양이	**li**ttle 작은, 어린, 조금

3 gh, ph 형태

gh 또는 ph는 알파벳 f 소리로 발음해요. 그리스 문자에 f 소리를 내는 phi가 있는데, 여기서 영향을 받아 만들어진 gh, ph가 들어가는 영어 단어는 f[프]로 소리 내게 되었습니다.

| laugh 웃다 | enough 충분한 | graph 그래프 | phone 전화(기) |

4 nk, nt, ng 형태

알파벳 n은 입안으로 다소 먹히는 듯한 소리로 발음됩니다. 특히 n 다음에 k, t가 오면 n의 소리를 제대로 내기보다는 소리를 입안에 머금고 뒤의 k[크], t[트] 소리를 또렷하게 내요.

그러나 n 뒤에 g가 올 때는 조금 달라요. g의 기본 소리는 [그]이지만, ng는 [응]이라고 하지 [응그]라고 소리 내지 않습니다. 모음과 합쳐졌을 때도 살펴볼까요? ang은 [앵], ing은 [잉] 소리가 납니다. [앵그]나 [잉그]라고 발음하지 않는다는 것을 알아 두세요.

pink 분홍색/분홍색의	wink 눈을 깜박이다	bank 은행	skunk 스컹크
hint 힌트, 단서	cent 센트 (돈의 단위)	tent 텐트, 천막	front 앞쪽, 앞면
wing 날개	long 긴, 오래	swing 흔들(리)다	strong 튼튼한, 강한

묵음 b, h, k, t, w

모든 알파벳에는 이름과 소리가 있어요. 그런데 소리는 내지 않지만 여전히 단어에 포함되는 알파벳이 있습니다. 예를 들어, PART 3에서 배운 '매직 e' 같은 것이죠. 그리고 이중자음인데 소리 낼 때는 자음 하나만 발음하는 것도 있어요.

이렇듯 철자에는 들어 있지만 소리 내지 않는 알파벳을 '묵음'이라고 합니다. 특히 b, h, k, t, w가 묵음이 될 때가 있어요.

묵음 소리를 내는 대표적인 단어들은 따로 모아서 외워 두는 게 좋습니다.

comb 빗	thumb 엄지손가락	climb 오르다	lamb 새끼 양
ghost 유령	hour (한) 시간	school 학교	what 무엇
knife 칼	knight 기사	knee 무릎	knock (문을) 두드리다
castle 성	listen 듣다	match 경기, 시합	often 자주, 흔히
sword 칼, 검	two 둘, 2	answer 대답하다/대답	whole 전체의

이중모음

이중모음이란 '모음 2개가 나란히 붙어 있는 것', 즉, 모음이 이중으로 나오는 것을 말해요.

모음이 나란히 나오면 다양한 소리가 나요. 앞의 모음이 장모음 소리가 나면서 뒤의 모음은 소리가 나지 않거나 두 모음이 합쳐져서 아예 엉뚱한 소리가 나기도 합니다.

지금부터 꼭 알아 두어야 할 대표적인 이중모음과 그 소리를 알아보도록 해요!

ai	ay	oa	oi	oy
ee	ea	ow	ou	oo

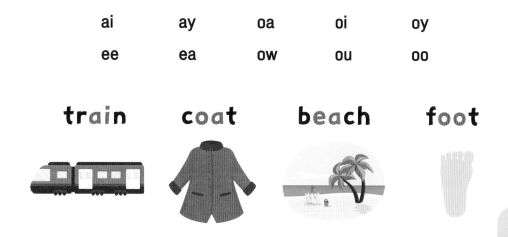

train   coat   beach   foot

 **Listen & Repeat** 다음 단어를 잘 듣고 따라 말해 보세요. 🎧001

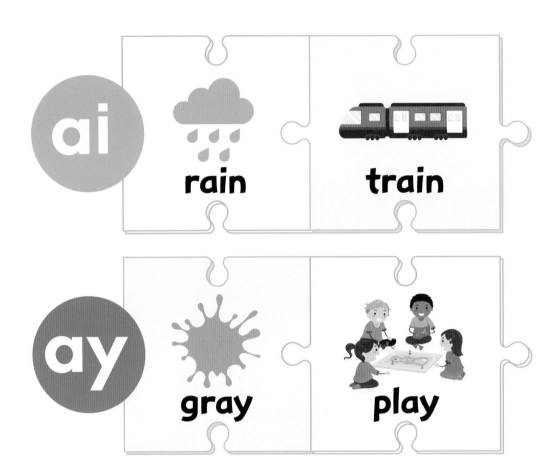

 **Let's Chant!** 신나는 챈트를 들으면서 따라 불러 보세요. 🎧002

 rain   rain  train   train

gray   gray   play   play

• rain 비/비가 오다   train 기차   gray 회색/회색의   play 놀다, (게임 등을) 하다

정답 190쪽

A 잘 듣고 따라 써 보세요. 🎧003

① rain

② train

③ gray

④ play

B 잘 듣고 알맞은 것을 고른 후 빈칸에 단어를 써 보세요. 🎧004

① rain / train ·····›

② rain / train ·····›

③ play / gray ·····›

④ play / gray ·····›

Challenge!

잘 듣고 빈칸에 알맞은 단어를 써 보세요. 🎧005

❶ When I took the _____, it began to rain.

❷ Let's _____ hide and seek.

• took (탈것을) 탔다 (현재형 take)   began 시작했다 (현재형 begin)   hide and seek 숨바꼭질

167

Unit 02 oa / ow

Listen & Repeat 다음 단어를 잘 듣고 따라 말해 보세요. 🎧001

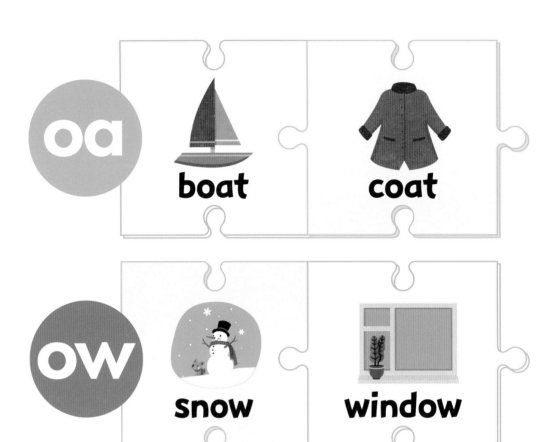

boat **coat**

snow **window**

Let's Chant! 신나는 챈트를 들으면서 따라 불러 보세요. 🎧002

boat boat  coat coat

snow snow window window

• boat (작은) 배, 보트 coat 코트, 외투 snow 눈/눈이 내리다 window 창문

168

정답 190쪽

A 잘 듣고 따라 써 보세요. (🎧003)

① boat

② coat

③ snow

④ window

B 잘 듣고 알맞은 것을 고른 후 빈칸에 단어를 써 보세요. (🎧004)

①  snow / window ····▶ ☐

②  coat / boat ····▶ ☐

③  snow / window ····▶ ☐

④  boat / coat ····▶ ☐

Challenge!

잘 듣고 빈칸에 알맞은 단어를 써 보세요. (🎧005)

❶ **Snow is falling outside the** _____ .

❷ **It's cold outside. You need a** _____ .

• is falling 떨어지고 있다, 내리고 있다 (현재형 fall) cold 추운 need 필요하다

Unit
03 oi /oy

Listen & Repeat 다음 단어를 잘 듣고 따라 말해 보세요. 🎧001

oi — coin / oil

oy — boy / toy

Let's Chant! 신나는 챈트를 들으면서 따라 불러 보세요. 🎧002

coin   coin   oil   oil
boy   boy   toy   toy

• coin 동전   oil 기름   boy 소년   toy 장난감

170

정답 190쪽

A 잘 듣고 따라 써 보세요. 🎧003

① coin ② oil

③ boy ④ toy

B 잘 듣고 알맞은 것을 고른 후 빈칸에 단어를 써 보세요. 🎧004

① coin / oil ·····›

② boy / toy ·····›

③ coin / oil ·····›

④ toy / boy ·····›

Challenge!

잘 듣고 빈칸에 알맞은 단어를 써 보세요. 🎧005

❶ The _____ wants a toy for his birthday.

❷ Insert a _____ into the machine.

GOOD JOB

• for ~을 위해 birthday 생일 insert 넣다, 삽입하다 machine 기계

04 ee /ea

 **Listen & Repeat** 다음 단어를 잘 듣고 따라 말해 보세요. 001

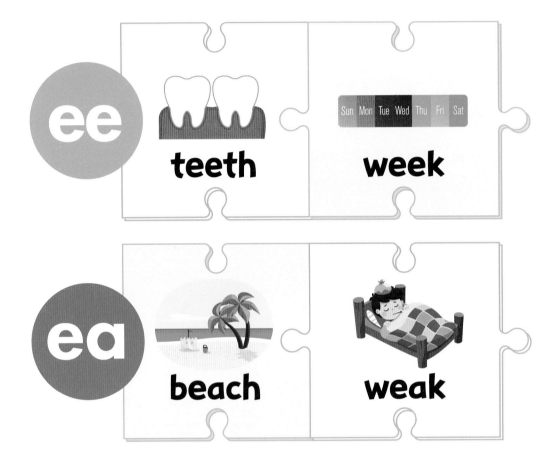

ee teeth week

ea beach weak

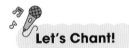 **Let's Chant!** 신나는 챈트를 들으면서 따라 불러 보세요. 002

 teeth teeth week week

 beach beach weak weak

• **teeth** (여러 개) 이, 이빨 (tooth 이빨 한 개)   **week** 일주일, 주   **beach** 바닷가, 해변   **weak** 약한

172

정답 190쪽

A 잘 듣고 따라 써 보세요. 🎧003

① teeth

② week

③ beach

④ weak

B 잘 듣고 알맞은 것을 고른 후 빈칸에 단어를 써 보세요. 🎧004

① teeth / beach ·····>

② weak / week ·····>

③ beach / teeth ·····>

④ weak / week ·····>

Challenge!

잘 듣고 빈칸에 알맞은 단어를 써 보세요. 🎧005

① My _____ are weak. I can't bite hard foods.

② Let's go to the _____ this week.

• can't ~할 수 없다   bite 씹다   hard 딱딱한   food 음식

05 OW

Listen & Repeat 다음 단어를 잘 듣고 따라 말해 보세요. 001

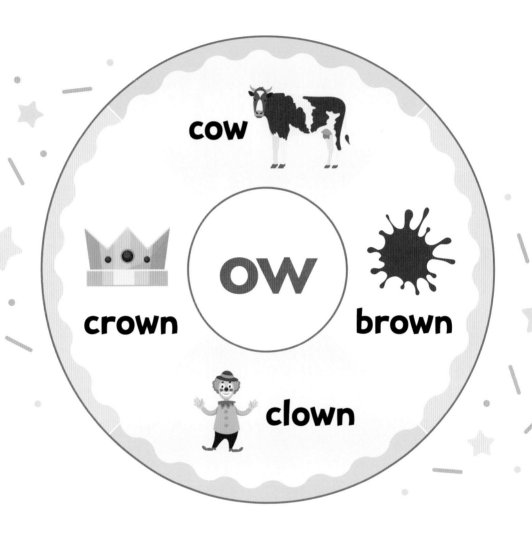

cow

crown

OW

brown

clown

Let's Chant! 신나는 챈트를 들으면서 따라 불러 보세요. 002

 cow cow brown brown

clown clown crown crown

• cow 암소, 젖소 brown 갈색/갈색의 clown 광대 crown 왕관

174

정답 190쪽

A 잘 듣고 따라 써 보세요. 🎧003

① cow

② brown

③ clown

④ crown

B 잘 듣고 알맞은 것을 고른 후 빈칸에 단어를 써 보세요. 🎧004

① crown / clown ⋯⋯▸ [　　　]

② cow / brown ⋯⋯▸ [　　　]

③ crown / clown ⋯⋯▸ [　　　]

④ brown / cow ⋯⋯▸ [　　　]

Challenge!

잘 듣고 빈칸에 알맞은 단어를 써 보세요. 🎧005

① I saw a　　　　　 cow on the farm.

② A clown is wearing a　　　　　 on his head.

GOOD JOB

• farm 농장　is wearing 착용하고 있다 (현재형 wear)　head 머리

175

Unit
06 ou

Listen & Repeat 다음 단어를 잘 듣고 따라 말해 보세요. 🎧001

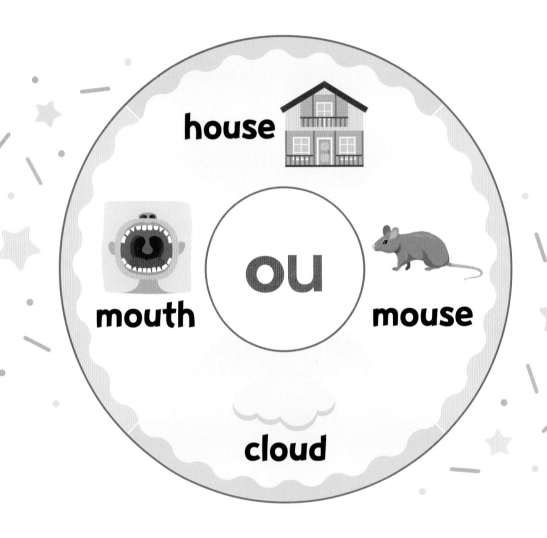

house

mouth

ou

mouse

cloud

Let's Chant! 신나는 챈트를 들으면서 따라 불러 보세요. 🎧002

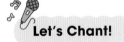

 house　house 　mouse　mouse

cloud　cloud　mouth　mouth

• house 집　mouse 쥐 (mice 여러 마리 쥐)　cloud 구름　mouth 입

176

A 잘 듣고 따라 써 보세요. 🎧003

① house

② mouse

③ cloud

④ mouth

B 잘 듣고 알맞은 것을 고른 후 빈칸에 단어를 써 보세요. 🎧004

① mouth / cloud ·····>

② mouse / house ·····>

③ cloud / mouth ·····>

④ mouse / house ·····>

Challenge!

잘 듣고 빈칸에 알맞은 단어를 써 보세요. 🎧005

❶ The cloud is the shape of a   .

❷ My family moved to a new   .

GOOD JOB

* moved 이사했다, 옮겼다 (현재형 move)

177

Unit

07 oo(short)

 **Listen & Repeat** 다음 단어를 잘 듣고 따라 말해 보세요. 001

 **Let's Chant!** 신나는 챈트를 들으면서 따라 불러 보세요. 002

book   book   📖   cook   cook

foot   foot   wood   wood

• book 책   cook 요리사   foot (한쪽) 발 (feet 양발)   wood (작은 규모의) 숲 (보통 woods로 씀)

정답 190쪽

A 잘 듣고 따라 써 보세요. 🎧003

① book
② cook
③ foot
④ wood

B 잘 듣고 알맞은 것을 고른 후 빈칸에 단어를 써 보세요. 🎧004

① foot / wood ·····➤

② cook / book ·····➤

③ wood / foot ·····➤

④ cook / book ·····➤

Challenge!

잘 듣고 빈칸에 알맞은 단어를 써 보세요. 🎧005

① My left _____ hurts! I should go to the hospital.

② The cook is reading his _____ .

GOOD JOB

• left 왼쪽 hurt 아프다 should ~해야 한다 hospital 병원 is reading 읽고 있다 (현재형 read)

Unit
08 oo(long)

Listen & Repeat 다음 단어를 잘 듣고 따라 말해 보세요. 🎧001

pool

food

oo

moon

room

Let's Chant! 신나는 챈트를 들으면서 따라 불러 보세요. 🎧002

pool   pool      moon   moon

room   room   food   food

• pool 수영장, 풀   moon 달   room 방   food 음식

180

정답 190쪽

A 잘 듣고 따라 써 보세요. ⌒003

① pool

② moon

③ room

④ food

B 잘 듣고 알맞은 것을 고른 후 빈칸에 단어를 써 보세요. ⌒004

 ① room / moon ·····⟩ [ ]

 ② food / pool ·····⟩ [ ]

 ③ pool / food ·····⟩ [ ]

 ④ moon / room ·····⟩ [ ]

Challenge!

잘 듣고 빈칸에 알맞은 단어를 써 보세요. ⌒005

① It is fun to go to the _____ !

② Someday, I will go to the _____ .

· fun 즐거운, 재미있는   someday 언젠가   will ~할 것이다

181

A 그림에 알맞은 단어를 상자에서 찾아 밑줄에 쓰세요.

play   coat   beach   cloud   food   cook

1

2

3

4

5

6

B 잘 듣고 주어진 이중모음이 들어간 단어의 그림에 <u>모두</u> 동그라미를 치세요.

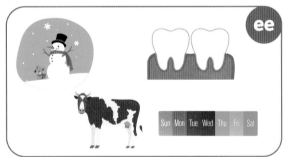

정답 192쪽

C 잘 듣고 단어의 철자를 글자판에서 찾아 동그라미를 치세요. 🎧 002

1    2

3   4

5   6

D 잘 듣고 밑줄을 채워 문장을 완성하세요. 🎧 003

1    My left _____ hurts!

2    The _____ wants a toy for his birthday.

3    The cook is reading his _____ .

4    Someday, I will go to the _____ .

r의 소리 ar, or, er, ir, ur / ear

알파벳 r은 우리나라에는 없는 소리예요. [뤄]처럼 소리 난다고 말하긴 하지만, 한글로 정확하게 표기할 수는 없어요. 알파벳 l과 비슷하게 소리 내지만, 혀끝이 입천장에 닿지 않는 차이가 있습니다. 입안에서 혀를 둥글게 말아 주면서 조금만 굴려서 소리를 내면 돼요.

r 소리가 쉽지 않기 때문에 지금부터 '모음+r'일 때 어떻게 발음해야 하는지 자세히 살펴보도록 할게요.

1 ar, or, er, ir, ur 형태

모음 a가 앞에 나오면 [아]에 가깝게 소리 내면서 뒤의 발음을 살짝 굴려 줍니다. 모음 o가 앞에 나오면 [오우] 소리를 빠르게 내며 끝의 발음을 살짝 굴려 주면 돼요. 나머지 모음 e, i, u는 발음만 듣고는 셋을 구별하기 어려워요. 그래서 er, ir, ur은 단어 자체를 외워야 합니다.

car (자동)차	dark 어두운, 캄캄한	arm 팔	park 공원
horse 말	fork 포크	store 가게, 상점	corn 옥수수, 곡물
teacher 교사, 선생님	germ 세균, 미생물	water 물	whisper 속삭이다/속삭임
bird 새	girl 소녀, 여자 아이	shirt 셔츠	skirt 스커트, 치마
turtle 거북	purple 보라색/보라색의	nurse 간호사	hurt 다치게 하다, 아프다

2 ear 형태

ear로 된 단어는 세 가지 소리가 나요. 각각의 소리를 살펴보겠습니다.

① [이얼]로 소리 나는 경우

ear 귀　　　hear 듣다　　　year 해, 년

② [얼]로 소리 나는 경우

early 일찍, 이른　　　earth 지구　　　pearl 진주

③ [에얼]로 소리 나는 경우

bear 곰　　　pear 배　　　wear 입다, 착용하다

184

더 알아 둘 이중모음 aw, au / ew

1 aw, au 형태

알파벳 w는 y와 마찬가지로 자음이면서 반모음이기도 합니다. PART 5에서 이중모음 ow는 [오우]와 [아우] 소리가 난다고 배웠죠. 그렇다면 'a+w'는 어떤 소리를 낼까요?

aw는 [아]와 [어] 중간 소리를 냅니다. 그런데 재미있는 건, au도 aw와 같은 소리를 낸다는 거예요. 이것은 PART 2의 Unit 13에 나오는 단모음 o의 발음과 같아요. 상당히 내기 어려운 발음이므로 원어민 선생님의 발음을 계속 들으면서 최대한 비슷하게 따라 말해 보세요. 부족하게 느껴지면 PART 2의 Unit 13으로 돌아가서 단어를 듣고 연습해 보세요.

jaw 턱   **saw** 톱   **straw** 빨대   **astronaut** 우주 비행사

2 ew 형태

모음 e와 w가 만나면 두 가지 소리가 납니다. 하나는 장모음 u 소리를 내서 [유]로 발음하는 경우예요. 다른 하나는 [우]로 소리 내는 경우입니다.

[유]   **few** 몇몇의   **nephew** (남자) 조카   **view** 전망, 경치

[우]   **crew** 승무원   **screw** 나사   **chew** 씹다

정답 Answer

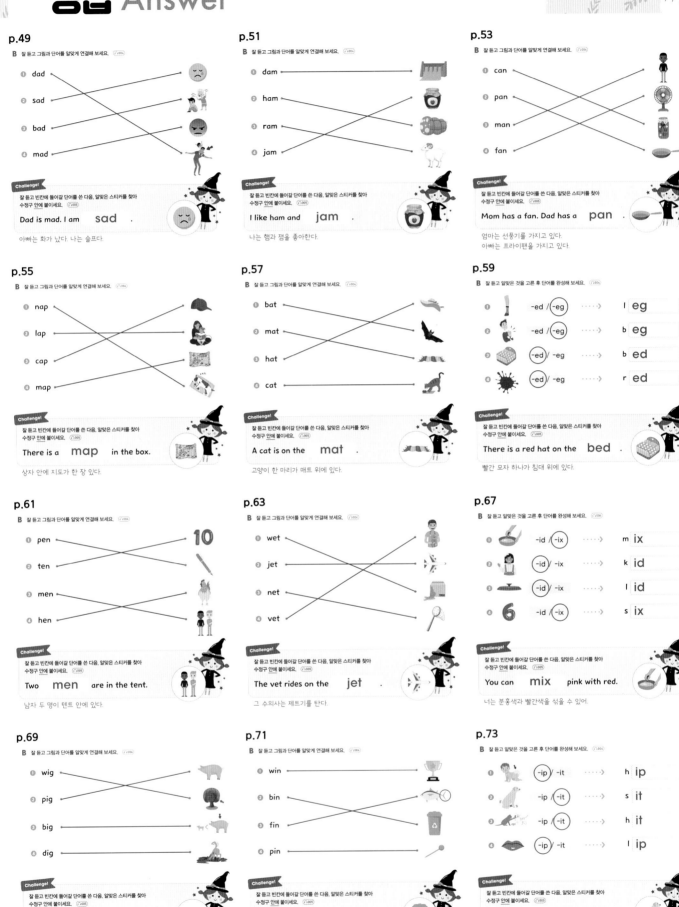

p.49

B 잘 듣고 그림과 단어를 알맞게 연결해 보세요.

① dad
② sad
③ bad
④ mad

Challenge!
잘 듣고 빈칸에 들어갈 단어를 쓴 다음, 알맞은 스티커를 찾아 수정구 안에 붙이세요.

Dad is mad. I am **sad** .

아빠는 화가 났다. 나는 슬프다.

p.51

B 잘 듣고 그림과 단어를 알맞게 연결해 보세요.

① dam
② ham
③ ram
④ jam

Challenge!
잘 듣고 빈칸에 들어갈 단어를 쓴 다음, 알맞은 스티커를 찾아 수정구 안에 붙이세요.

I like ham and **jam** .

나는 햄과 잼을 좋아한다.

p.53

B 잘 듣고 그림과 단어를 알맞게 연결해 보세요.

① can
② pan
③ man
④ fan

Challenge!
잘 듣고 빈칸에 들어갈 단어를 쓴 다음, 알맞은 스티커를 찾아 수정구 안에 붙이세요.

Mom has a fan. Dad has a **pan** .

엄마는 선풍기를 가지고 있다.
아빠는 프라이팬을 가지고 있다.

p.55

B 잘 듣고 그림과 단어를 알맞게 연결해 보세요.

① nap
② lap
③ cap
④ map

Challenge!
잘 듣고 빈칸에 들어갈 단어를 쓴 다음, 알맞은 스티커를 찾아 수정구 안에 붙이세요.

There is a **map** in the box.

상자 안에 지도가 한 장 있다.

p.57

B 잘 듣고 그림과 단어를 알맞게 연결해 보세요.

① bat
② mat
③ hat
④ cat

Challenge!
잘 듣고 빈칸에 들어갈 단어를 쓴 다음, 알맞은 스티커를 찾아 수정구 안에 붙이세요.

A cat is on the **mat** .

고양이 한 마리가 매트 위에 있다.

p.59

B 잘 듣고 알맞은 것을 고른 후 단어를 완성해 보세요.

① -ed / **-eg** ···> l **eg**
② -ed / **-eg** ···> b **eg**
③ **-ed** / -eg ···> b **ed**
④ **-ed** / -eg ···> r **ed**

Challenge!
잘 듣고 빈칸에 들어갈 단어를 쓴 다음, 알맞은 스티커를 찾아 수정구 안에 붙이세요.

There is a red hat on the **bed** .

빨간 모자 하나가 침대 위에 있다.

p.61

B 잘 듣고 그림과 단어를 알맞게 연결해 보세요.

① pen
② ten
③ men
④ hen

Challenge!
잘 듣고 빈칸에 들어갈 단어를 쓴 다음, 알맞은 스티커를 찾아 수정구 안에 붙이세요.

Two **men** are in the tent.

남자 두 명이 텐트 안에 있다.

p.63

B 잘 듣고 그림과 단어를 알맞게 연결해 보세요.

① wet
② jet
③ net
④ vet

Challenge!
잘 듣고 빈칸에 들어갈 단어를 쓴 다음, 알맞은 스티커를 찾아 수정구 안에 붙이세요.

The vet rides on the **jet** .

그 수의사는 제트기를 탄다.

p.67

B 잘 듣고 알맞은 것을 고른 후 단어를 완성해 보세요.

① -id / **-ix** ···> m **ix**
② **-id** / -ix ···> k **id**
③ **-id** / -ix ···> l **id**
④ -id / **-ix** ···> s **ix**

Challenge!
잘 듣고 빈칸에 들어갈 단어를 쓴 다음, 알맞은 스티커를 찾아 수정구 안에 붙이세요.

You can **mix** pink with red.

너는 분홍색과 빨간색을 섞을 수 있어.

p.69

B 잘 듣고 그림과 단어를 알맞게 연결해 보세요.

① wig
② pig
③ big
④ dig

Challenge!
잘 듣고 빈칸에 들어갈 단어를 쓴 다음, 알맞은 스티커를 찾아 수정구 안에 붙이세요.

Look at that big **pig** !

저 큰 돼지를 봐!

p.71

B 잘 듣고 그림과 단어를 알맞게 연결해 보세요.

① win
② bin
③ fin
④ pin

Challenge!
잘 듣고 빈칸에 들어갈 단어를 쓴 다음, 알맞은 스티커를 찾아 수정구 안에 붙이세요.

This **bin** looks like a fin.

이 쓰레기통은 지느러미처럼 보인다.

p.73

B 잘 듣고 알맞은 것을 고른 후 단어를 완성해 보세요.

① **-ip** / -it ···> h **ip**
② -ip / **-it** ···> s **it**
③ -ip / **-it** ···> h **it**
④ **-ip** / -it ···> l **ip**

Challenge!
잘 듣고 빈칸에 들어갈 단어를 쓴 다음, 알맞은 스티커를 찾아 수정구 안에 붙이세요.

Max, **sit** down!

맥스, 앉아!

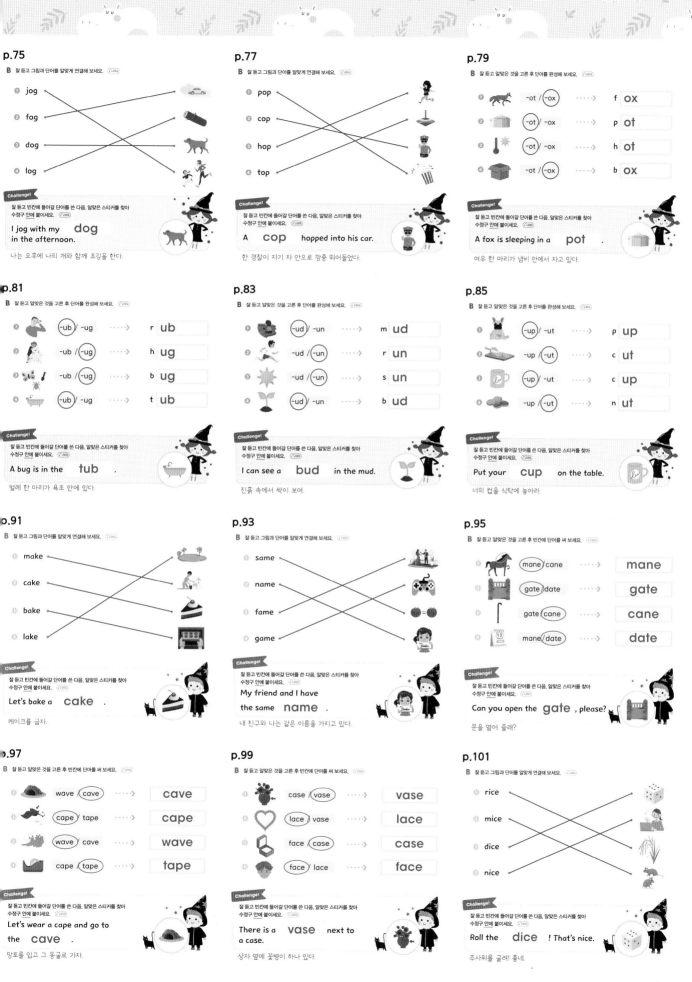

p.75

B 잘 듣고 그림과 단어를 알맞게 연결해 보세요.

1. jog
2. fog
3. dog
4. log

Challenge!
잘 듣고 빈칸에 들어갈 단어를 쓴 다음, 알맞은 스티커를 찾아 수정구 안에 붙이세요.

I jog with my **dog** in the afternoon.

나는 오후에 나의 개와 함께 조깅을 한다.

p.77

B 잘 듣고 그림과 단어를 알맞게 연결해 보세요.

1. pop
2. cop
3. hop
4. top

Challenge!
잘 듣고 빈칸에 들어갈 단어를 쓴 다음, 알맞은 스티커를 찾아 수정구 안에 붙이세요.

A **cop** hopped into his car.

한 경찰이 자기 차 안으로 깡충 뛰어들었다.

p.79

B 잘 듣고 알맞은 것을 고른 후 단어를 완성해 보세요.

1. -ot / -ox ····> f **ox**
2. -ot / -ox ····> p **ot**
3. -ot / -ox ····> h **ot**
4. -ot / -ox ····> b **ox**

Challenge!
잘 듣고 빈칸에 들어갈 단어를 쓴 다음, 알맞은 스티커를 찾아 수정구 안에 붙이세요.

A fox is sleeping in a **pot** .

여우 한 마리가 냄비 안에서 자고 있다.

p.81

B 잘 듣고 알맞은 것을 고른 후 단어를 완성해 보세요.

1. -ub / -ug ····> r **ub**
2. -ub / -ug ····> h **ug**
3. -ub / -ug ····> b **ug**
4. -ub / -ug ····> t **ub**

Challenge!
잘 듣고 빈칸에 들어갈 단어를 쓴 다음, 알맞은 스티커를 찾아 수정구 안에 붙이세요.

A bug is in the **tub** .

벌레 한 마리가 욕조 안에 있다.

p.83

B 잘 듣고 알맞은 것을 고른 후 단어를 완성해 보세요.

1. -ud / -un ····> m **ud**
2. -ud / -un ····> r **un**
3. -ud / -un ····> s **un**
4. -ud / -un ····> b **ud**

Challenge!
잘 듣고 빈칸에 들어갈 단어를 쓴 다음, 알맞은 스티커를 찾아 수정구 안에 붙이세요.

I can see a **bud** in the mud.

진흙 속에서 싹이 보여.

p.85

B 잘 듣고 알맞은 것을 고른 후 단어를 완성해 보세요.

1. -up / -ut ····> p **up**
2. -up / -ut ····> c **ut**
3. -up / -ut ····> c **up**
4. -up / -ut ····> n **ut**

Challenge!
잘 듣고 빈칸에 들어갈 단어를 쓴 다음, 알맞은 스티커를 찾아 수정구 안에 붙이세요.

Put your **cup** on the table.

너의 컵을 식탁에 놓아라.

p.91

B 잘 듣고 그림과 단어를 알맞게 연결해 보세요.

1. make
2. cake
3. bake
4. lake

Challenge!
잘 듣고 빈칸에 들어갈 단어를 쓴 다음, 알맞은 스티커를 찾아 수정구 안에 붙이세요.

Let's bake a **cake** .

케이크를 굽자.

p.93

B 잘 듣고 그림과 단어를 알맞게 연결해 보세요.

1. same
2. name
3. fame
4. game

Challenge!
잘 듣고 빈칸에 들어갈 단어를 쓴 다음, 알맞은 스티커를 찾아 수정구 안에 붙이세요.

My friend and I have the same **name** .

내 친구와 나는 같은 이름을 가지고 있다.

p.95

B 잘 듣고 알맞은 것을 고른 후 빈칸에 단어를 써 보세요.

1. mane / cane ····> **mane**
2. gate / date ····> **gate**
3. gate / cane ····> **cane**
4. mane / date ····> **date**

Challenge!
잘 듣고 빈칸에 들어갈 단어를 쓴 다음, 알맞은 스티커를 찾아 수정구 안에 붙이세요.

Can you open the **gate** , please?

문을 열어 줄래?

p.97

B 잘 듣고 알맞은 것을 고른 후 빈칸에 단어를 써 보세요.

1. wave / cave ····> **cave**
2. cape / tape ····> **cape**
3. wave / cave ····> **wave**
4. cape / tape ····> **tape**

Challenge!
잘 듣고 빈칸에 들어갈 단어를 쓴 다음, 알맞은 스티커를 찾아 수정구 안에 붙이세요.

Let's wear a cape and go to the **cave** .

망토를 입고 그 동굴로 가자.

p.99

B 잘 듣고 알맞은 것을 고른 후 빈칸에 단어를 써 보세요.

1. case / vase ····> **vase**
2. lace / vase ····> **lace**
3. face / case ····> **case**
4. face / lace ····> **face**

Challenge!
잘 듣고 빈칸에 들어갈 단어를 쓴 다음, 알맞은 스티커를 찾아 수정구 안에 붙이세요.

There is a **vase** next to a case.

상자 옆에 꽃병이 하나 있다.

p.101

B 잘 듣고 그림과 단어를 알맞게 연결해 보세요.

1. rice
2. mice
3. dice
4. nice

Challenge!
잘 듣고 빈칸에 들어갈 단어를 쓴 다음, 알맞은 스티커를 찾아 수정구 안에 붙이세요.

Roll the **dice** ! That's nice.

주사위를 굴려! 좋네.

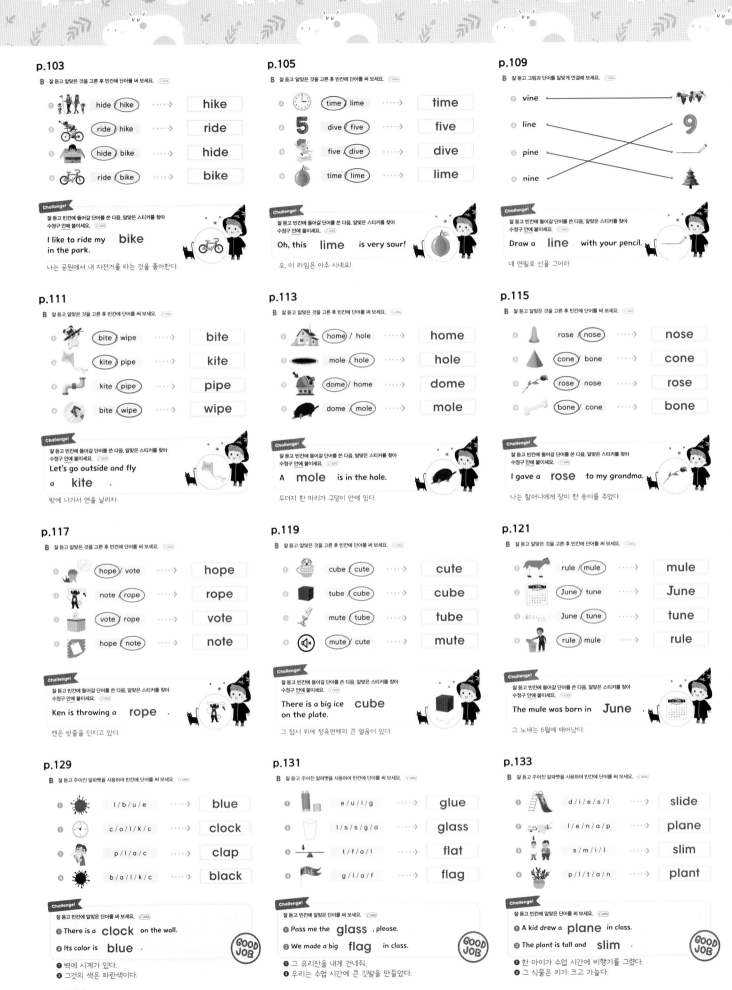

p.103
B 잘 듣고 알맞은 것을 고른 후 빈칸에 단어를 써 보세요.

① hide (hike) ·····▶ hike
② (ride) hike ·····▶ ride
③ (hide) bike ·····▶ hide
④ ride (bike) ·····▶ bike

Challenge!
잘 듣고 빈칸에 들어갈 단어를 쓴 다음, 알맞은 스티커를 찾아 수정구 안에 붙이세요.

I like to ride my **bike** in the park.

나는 공원에서 내 자전거를 타는 것을 좋아한다.

p.105
B 잘 듣고 알맞은 것을 고른 후 빈칸에 단어를 써 보세요.

① (time) lime ·····▶ time
② 5 dive (five) ·····▶ five
③ five (dive) ·····▶ dive
④ time (lime) ·····▶ lime

Challenge!
잘 듣고 빈칸에 들어갈 단어를 쓴 다음, 알맞은 스티커를 찾아 수정구 안에 붙이세요.

Oh, this **lime** is very sour!

오, 이 라임은 아주 시네요!

p.109
B 잘 듣고 그림과 단어를 알맞게 연결해 보세요.

① vine
② line
③ pine
④ nine

Challenge!
잘 듣고 빈칸에 들어갈 단어를 쓴 다음, 알맞은 스티커를 찾아 수정구 안에 붙이세요.

Draw a **line** with your pencil.

네 연필로 선을 그어라.

p.111
B 잘 듣고 알맞은 것을 고른 후 빈칸에 단어를 써 보세요.

① (bite) wipe ·····▶ bite
② (kite) pipe ·····▶ kite
③ kite (pipe) ·····▶ pipe
④ bite (wipe) ·····▶ wipe

Challenge!
잘 듣고 빈칸에 들어갈 단어를 쓴 다음, 알맞은 스티커를 찾아 수정구 안에 붙이세요.

Let's go outside and fly a **kite**.

밖에 나가서 연을 날리자.

p.113
B 잘 듣고 알맞은 것을 고른 후 빈칸에 단어를 써 보세요.

① (home) hole ·····▶ home
② mole (hole) ·····▶ hole
③ (dome) home ·····▶ dome
④ dome (mole) ·····▶ mole

Challenge!
잘 듣고 빈칸에 들어갈 단어를 쓴 다음, 알맞은 스티커를 찾아 수정구 안에 붙이세요.

A **mole** is in the hole.

두더지 한 마리가 구덩이 안에 있다.

p.115
B 잘 듣고 알맞은 것을 고른 후 빈칸에 단어를 써 보세요.

① rose (nose) ·····▶ nose
② (cone) bone ·····▶ cone
③ (rose) nose ·····▶ rose
④ (bone) cone ·····▶ bone

Challenge!
잘 듣고 빈칸에 들어갈 단어를 쓴 다음, 알맞은 스티커를 찾아 수정구 안에 붙이세요.

I gave a **rose** to my grandma.

나는 할머니에게 장미 한 송이를 주었다.

p.117
B 잘 듣고 알맞은 것을 고른 후 빈칸에 단어를 써 보세요.

① (hope) vote ·····▶ hope
② note (rope) ·····▶ rope
③ (vote) rope ·····▶ vote
④ hope (note) ·····▶ note

Challenge!
잘 듣고 빈칸에 들어갈 단어를 쓴 다음, 알맞은 스티커를 찾아 수정구 안에 붙이세요.

Ken is throwing a **rope**.

켄은 밧줄을 던지고 있다.

p.119
B 잘 듣고 알맞은 것을 고른 후 빈칸에 단어를 써 보세요.

① cube (cute) ·····▶ cute
② tube (cube) ·····▶ cube
③ mute (tube) ·····▶ tube
④ (mute) cute ·····▶ mute

Challenge!
잘 듣고 빈칸에 들어갈 단어를 쓴 다음, 알맞은 스티커를 찾아 수정구 안에 붙이세요.

There is a big ice **cube** on the plate.

그 접시 위에 정육면체의 큰 얼음이 있다.

p.121
B 잘 듣고 알맞은 것을 고른 후 빈칸에 단어를 써 보세요.

① rule (mule) ·····▶ mule
② (June) tune ·····▶ June
③ June (tune) ·····▶ tune
④ (rule) mule ·····▶ rule

Challenge!
잘 듣고 빈칸에 들어갈 단어를 쓴 다음, 알맞은 스티커를 찾아 수정구 안에 붙이세요.

The mule was born in **June**.

그 노새는 6월에 태어났다.

p.129
B 잘 듣고 주어진 알파벳을 사용하여 빈칸에 단어를 써 보세요.

① l / b / u / e ·····▶ blue
② c / o / l / k / c ·····▶ clock
③ p / l / a / c ·····▶ clap
④ b / a / l / k / c ·····▶ black

Challenge!
잘 듣고 빈칸에 알맞은 단어를 써 보세요.

❶ There is a **clock** on the wall.
❷ Its color is **blue**.

❶ 벽에 시계가 있다.
❷ 그것의 색은 파란색이다.

p.131
B 잘 듣고 주어진 알파벳을 사용하여 빈칸에 단어를 써 보세요.

① e / u / l / g ·····▶ glue
② l / s / s / g / a ·····▶ glass
③ t / f / a / l ·····▶ flat
④ g / l / a / f ·····▶ flag

Challenge!
잘 듣고 빈칸에 알맞은 단어를 써 보세요.

❶ Pass me the **glass**, please.
❷ We made a big **flag** in class.

❶ 그 유리잔을 내게 건네줘.
❷ 우리는 수업 시간에 큰 깃발을 만들었다.

p.133
B 잘 듣고 주어진 알파벳을 사용하여 빈칸에 단어를 써 보세요.

① d / i / e / s / l ·····▶ slide
② l / e / n / a / p ·····▶ plane
③ s / m / i / l ·····▶ slim
④ p / l / t / a / n ·····▶ plant

Challenge!
잘 듣고 빈칸에 알맞은 단어를 써 보세요.

❶ A kid drew a **plane** in class.
❷ The plant is tall and **slim**.

❶ 한 아이가 수업 시간에 비행기를 그렸다.
❷ 그 식물은 키가 크고 가늘다.

GOOD JOB

p.135

B 잘 듣고 주어진 알파벳을 사용하여 빈칸에 단어를 써 보세요.

① b / a / e / r / k ·····> brake
② r / c / a / b ·····> crab
③ o / s / s / c / r ·····> cross
④ k / c / i / r / b ·····> brick

Challenge!

잘 듣고 빈칸에 알맞은 단어를 써 보세요.

❶ Be careful when you **cross** the street.
❷ A girl drew a **crab** on the brick.

❶ 길을 건널 때 주의하세요.
❷ 한 소녀가 벽돌에 게 한 마리를 그렸다.

p.137

B 잘 듣고 주어진 알파벳을 사용하여 빈칸에 단어를 써 보세요.

① g / n / o / r / d / a ·····> dragon
② u / m / d / r ·····> drum
③ k / d / i / r / n ·····> drink
④ d / v / r / i / e ·····> drive

Challenge!

잘 듣고 빈칸에 알맞은 단어를 써 보세요.

❶ I want to **drive** a car.
❷ I played with a **dragon** in my dream.

❶ 나는 차를 운전하고 싶다.
❷ 나는 꿈속에서 용과 함께 놀았다.

p.139

B 잘 듣고 주어진 알파벳을 사용하여 빈칸에 단어를 써 보세요.

① g / p / r / a / e ·····> grape
② g / o / r / f ·····> frog
③ f / t / r / o / n ·····> front
④ g / s / a / r / s ·····> grass

Challenge!

잘 듣고 빈칸에 알맞은 단어를 써 보세요.

❶ Look! A **frog** is watching you.
❷ We want to play soccer on the **grass**.

❶ 봐봐! 개구리 한 마리가 너를 쳐다보고 있어.
❷ 우리는 잔디에서 축구를 하고 싶다.

p.141

B 잘 듣고 주어진 알파벳을 사용하여 빈칸에 단어를 써 보세요.

① p / i / c / r / e ·····> price
② c / k / t / u / r ·····> truck
③ e / r / z / p / i ·····> prize
④ t / a / k / r / c ·····> track

Challenge!

잘 듣고 빈칸에 알맞은 단어를 써 보세요.

❶ What is the **price** of the new **truck** ?
❷ For me, pizza is a good **prize** .

❶ 그 새 트럭의 가격은 어떻게 되나요?
❷ 나에게 있어서 피자는 좋은 상이다.

p.145

B 잘 듣고 주어진 알파벳을 사용하여 빈칸에 단어를 써 보세요.

① s / k / a / m ·····> mask
② f / c / a / s / r ·····> scarf
③ e / r / o / s / c ·····> score
④ k / s / a / e / t ·····> skate

Challenge!

잘 듣고 빈칸에 알맞은 단어를 써 보세요.

❶ Don't forget to bring your **mask** .
❷ I got a perfect **score** on the exam.

❶ 너의 마스크를 갖고 오는 거 잊지 마.
❷ 나는 그 시험에서 만점을 받았다.

p.147

B 잘 듣고 주어진 알파벳을 사용하여 빈칸에 단어를 써 보세요.

① m / i / s / l / e ·····> smile
② e / a / k / s / n ·····> snake
③ s / n / c / a / k ·····> snack
④ m / l / e / l / s ·····> smell

Challenge!

잘 듣고 빈칸에 알맞은 단어를 써 보세요.

❶ I can **smell** my **snack** .
❷ He has a big **smile** .

❶ 나는 내 간식 냄새를 맡을 수 있다.
❷ 그는 함박 미소를 짓는다.

p.149

B 잘 듣고 주어진 알파벳을 사용하여 빈칸에 단어를 써 보세요.

① s / a / w / n ·····> swan
② o / s / o / p / n ·····> spoon
③ m / i / w / s ·····> swim
④ c / s / e / p / a ·····> space

Challenge!

잘 듣고 빈칸에 알맞은 단어를 써 보세요.

❶ How do you use a **spoon** in **space** ?
❷ A **swan** is swimming in the lake.

❶ 우주에서 숟가락을 어떻게 쓰나요?
❷ 백조 한 마리가 호수에서 헤엄치고 있다.

p.151

B 잘 듣고 주어진 알파벳을 사용하여 빈칸에 단어를 써 보세요.

① e / s / o / t / n ·····> stone
② p / t / s / m / a ·····> stamp
③ v / e / o / t / s ·····> stove
④ s / o / p / t ·····> stop

Challenge!

잘 듣고 빈칸에 알맞은 단어를 써 보세요.

❶ My mom bought a big **stove** .
❷ I threw a **stone** into the river.

❶ 엄마는 큰 가스레인지를 하나 샀다.
❷ 나는 강에 돌을 던졌다.

p.153

B 잘 듣고 주어진 알파벳을 사용하여 빈칸에 단어를 써 보세요.

① h / b / r / n / a / c ·····> branch
② c / c / a / t / h ·····> catch
③ i / c / k / h / c ·····> chick
④ n / e / b / c / h ·····> bench

Challenge!

잘 듣고 빈칸에 알맞은 단어를 써 보세요.

❶ I sat on a **bench** .
❷ Some birds are sitting on a **branch** .

❶ 나는 벤치에 앉았다.
❷ 새 몇 마리가 한 나뭇가지에 앉아 있다.

p.155

B 잘 듣고 주어진 알파벳을 사용하여 빈칸에 단어를 써 보세요.

① h / s / a / p / e ·····> shape
② b / s / u / r / h ·····> brush
③ i / f / s / h ·····> fish
④ p / s / i / h ·····> ship

Challenge!

잘 듣고 빈칸에 알맞은 단어를 써 보세요.

❶ I used a **brush** to draw a ship.
❷ I drew **fish** next to the ship.

❶ 나는 배를 그리기 위해 붓을 썼다.
❷ 나는 그 배 옆에 물고기를 그렸다.

p.157

B 잘 듣고 주어진 알파벳을 사용하여 빈칸에 단어를 써 보세요.

① h / n / i / t ·····> thin
② c / k / i / t / h ·····> thick
③ m / t / n / o / h ·····> month
④ a / t / b / h ·····> bath

Challenge!

잘 듣고 빈칸에 알맞은 단어를 써 보세요.

❶ This straw is too **thick** .
❷ I take a **bath** every day.

❶ 이 빨대는 너무 두껍다.
❷ 나는 매일 목욕을 한다.

p.159

B 잘 듣고 주어진 알파벳을 사용하여 빈칸에 단어를 써 보세요.

① l / w / a / h / e ·····> whale
② h / w / i / p ·····> whip
③ e / h / i / w / t ·····> white
④ w / e / e / l / h ·····> wheel

Challenge!

잘 듣고 빈칸에 알맞은 단어를 써 보세요.

❶ My favorite animal is the **whale** .
❷ The color of the wheel is **white** .

❶ 내가 정말 좋아하는 동물은 고래이다.
❷ 그 바퀴의 색깔은 흰색이다.

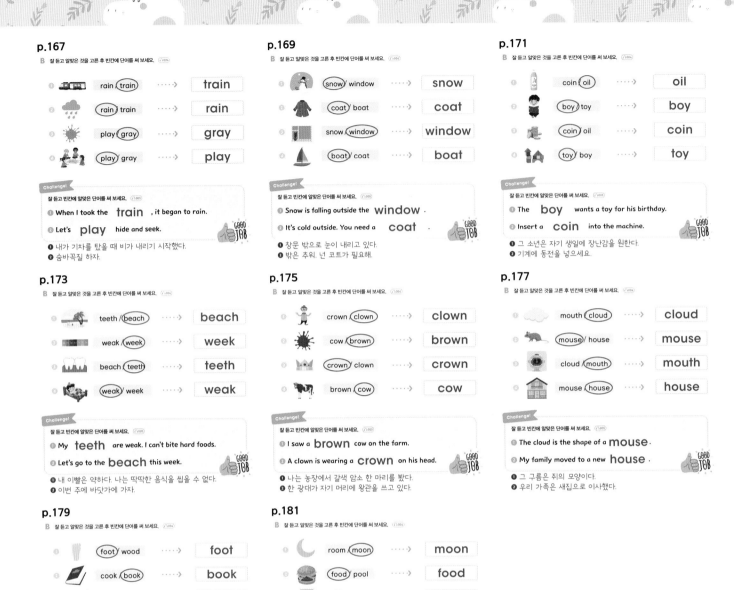

p.167

B 잘 듣고 알맞은 것을 고른 후 빈칸에 단어를 써 보세요.

1. rain (train) ·····> **train**
2. (rain) train ·····> **rain**
3. play (gray) ·····> **gray**
4. (play) gray ·····> **play**

Challenge!

잘 듣고 빈칸에 알맞은 단어를 써 보세요.

1. When I took the **train**, it began to rain.
2. Let's **play** hide and seek.

GOOD JOB

❶ 내가 기차를 탔을 때 비가 내리기 시작했다.
❷ 숨바꼭질 하자.

p.169

B 잘 듣고 알맞은 것을 고른 후 빈칸에 단어를 써 보세요.

1. (snow) window ·····> **snow**
2. (coat) boat ·····> **coat**
3. snow (window) ·····> **window**
4. (boat) coat ·····> **boat**

Challenge!

잘 듣고 빈칸에 알맞은 단어를 써 보세요.

1. Snow is falling outside the **window**.
2. It's cold outside. You need a **coat**.

GOOD JOB

❶ 창문 밖으로 눈이 내리고 있다.
❷ 밖은 추워. 넌 코트가 필요해.

p.171

B 잘 듣고 알맞은 것을 고른 후 빈칸에 단어를 써 보세요.

1. coin (oil) ·····> **oil**
2. (boy) toy ·····> **boy**
3. (coin) oil ·····> **coin**
4. (toy) boy ·····> **toy**

Challenge!

잘 듣고 빈칸에 알맞은 단어를 써 보세요.

1. The **boy** wants a toy for his birthday.
2. Insert a **coin** into the machine.

GOOD JOB

❶ 그 소년은 자기 생일에 장난감을 원한다.
❷ 기계에 동전을 넣으세요.

p.173

B 잘 듣고 알맞은 것을 고른 후 빈칸에 단어를 써 보세요.

1. teeth /(beach) ·····> **beach**
2. weak /(week) ·····> **week**
3. beach /(teeth) ·····> **teeth**
4. (weak)/ week ·····> **weak**

Challenge!

잘 듣고 빈칸에 알맞은 단어를 써 보세요.

1. My **teeth** are weak. I can't bite hard foods.
2. Let's go to the **beach** this week.

GOOD JOB

❶ 내 이빨은 약하다. 나는 딱딱한 음식을 씹을 수 없다.
❷ 이번 주에 바닷가에 가자.

p.175

B 잘 듣고 알맞은 것을 고른 후 빈칸에 단어를 써 보세요.

1. crown /(clown) ·····> **clown**
2. cow /(brown) ·····> **brown**
3. (crown)/ clown ·····> **crown**
4. brown /(cow) ·····> **cow**

Challenge!

잘 듣고 빈칸에 알맞은 단어를 써 보세요.

1. I saw a **brown** cow on the farm.
2. A clown is wearing a **crown** on his head.

GOOD JOB

❶ 나는 농장에서 갈색 암소 한 마리를 봤다.
❷ 한 광대가 자기 머리에 왕관을 쓰고 있다.

p.177

B 잘 듣고 알맞은 것을 고른 후 빈칸에 단어를 써 보세요.

1. mouth /(cloud) ·····> **cloud**
2. (mouse)/ house ·····> **mouse**
3. cloud /(mouth) ·····> **mouth**
4. mouse /(house) ·····> **house**

Challenge!

잘 듣고 빈칸에 알맞은 단어를 써 보세요.

1. The cloud is the shape of a **mouse**.
2. My family moved to a new **house**.

GOOD JOB

❶ 그 구름은 쥐의 모양이다.
❷ 우리 가족은 새집으로 이사했다.

p.179

B 잘 듣고 알맞은 것을 고른 후 빈칸에 단어를 써 보세요.

1. (foot)/ wood ·····> **foot**
2. cook /(book) ·····> **book**
3. (wood)/ foot ·····> **wood**
4. (cook)/ book ·····> **cook**

Challenge!

잘 듣고 빈칸에 알맞은 단어를 써 보세요.

1. My left **foot** hurts! I should go to the hospital.
2. The cook is reading his **book**.

GOOD JOB

❶ 내 왼발이 아파! 난 병원에 가야겠어.
❷ 그 요리사는 자기 책을 읽고 있다.

p.181

B 잘 듣고 알맞은 것을 고른 후 빈칸에 단어를 써 보세요.

1. room /(moon) ·····> **moon**
2. (food)/ pool ·····> **food**
3. (pool)/ food ·····> **pool**
4. moon /(room) ·····> **room**

Challenge!

잘 듣고 빈칸에 알맞은 단어를 써 보세요.

1. It is fun to go to the **pool**!
2. Someday, I will go to the **moon**.

GOOD JOB

❶ 수영장에 가는 것은 즐거워!
❷ 나는 언젠가 달에 갈 것이다.

p.18–19

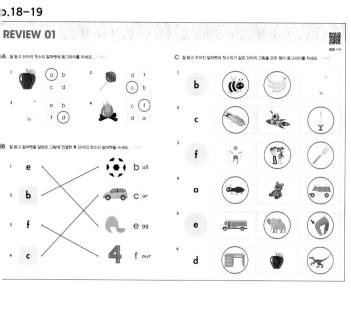

p.26–27

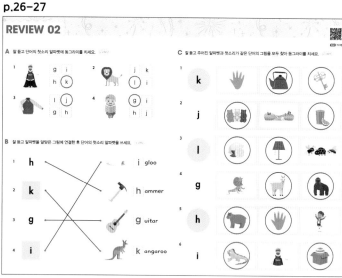

p.34–35

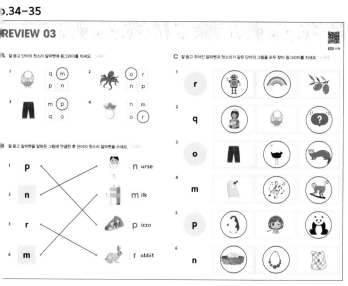

p.44–45

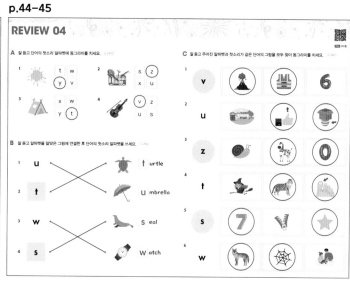

p.64–65

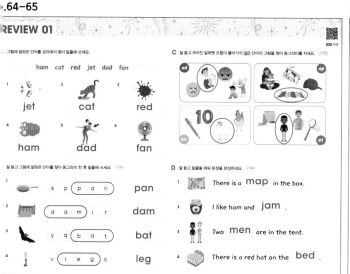

p.86–87

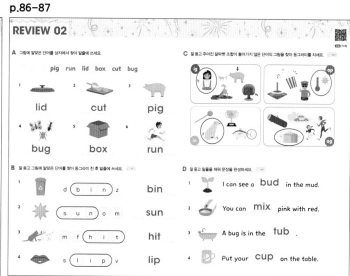

p.106-107

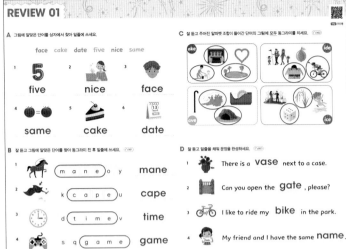

p.122-123

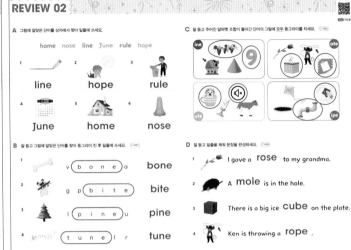

p.142-143

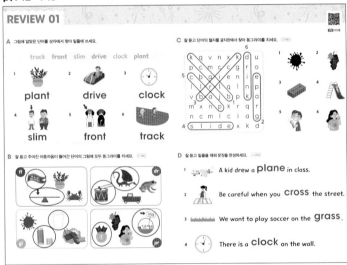

p.160-161

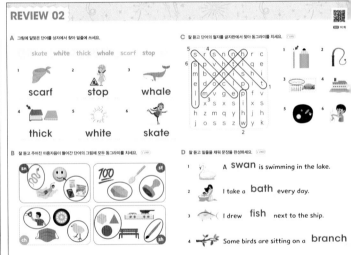

p.182-183

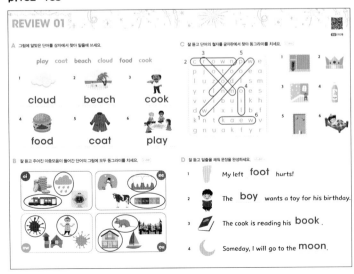

PART 2

PART 3